KB103040

인류문명의 뿌리

東夷

증산도 상생문화총서 3
인류문명의 뿌리 동이

초판발행   2009년 01월 21일
초판2쇄   2009년 01월 28일
초판3쇄   2010년 02월 23일
지은이   김선주
펴낸이   안중건
펴낸곳   상생출판
주소   대전시 중구 선화동 289-1번지
전화   070) 8644-3161
팩스   042) 256-9308
E-mail   sangsaeng@jsdmail.net
출판등록   2005년 3월 11일 (제175호)
배본 대행처/대원출판

ISBN   978-89-957399-4-5
값 6,500원

인류문명의 뿌리 東夷

이 책을 출간 하면서

　일본 제국주의와 서구 열강들에 의해 유린당하던 구한 말!
　단재丹齋 신채호申采浩 선생은 쇠퇴의 길에 접어든 조선
의 국운國運을 한탄하면서 『독사신론讀史新論』을 저술했다.
이 책에서 그는 반만 년의 유구한 역사와 전통으로 다져진
한민족의 자긍심과 독립심을 일깨우기 위해 "무정신의 역
사가 무정신의 민족을 낳으며, 무정신의 민족이 무정신의
국가를 만드니 어찌 두렵지 아니한가."라고 하여 한민족의
민족혼을 강렬하게 질타했다.

　지금 우리 앞에 놓여있는 역사 현실은 어떠한가? 우리나라
의 주변에 위치한 중국은 동북공정이다 뭐다 해서 우리민족
의 뿌리 역사를 잘라내고 있고, 일본 또한 틈만 나면 우리 민
족의 고대역사를 왜곡하고 있는 실정이다. 심지어 우리의 역
사학계로 눈을 돌려보아도 사정은 마찬가지다. 우리민족의
뿌리 역사를 세워야할 역사학자들조차도 우리 역사의 뿌리
라 할 수 있는 단군조선의 실체를 부정하고 있는 상황이 아
닌가! 그 때문에 어느 초등학교 교정에 세워진 단군상이 목

이 잘려나간 끔찍한 사태가 벌어졌던 것이 아닐까?

한민족은 모두 단군조선의 후예들이다. 단군조선의 뿌리는 어디에서 찾을 수 있는가. 그 뿌리는 하늘의 아들 환웅桓雄 천황이 무리 3천명을 이끌고 태백산 신단수에 도착하여 나라를 세운 배달倍達조선이다. '배달'은 어원적으로 '밝은 땅'에서 나왔다. 배달민족은 바로 '광명의 땅 동방에 살고 있는 어진 사람', 즉 동이東夷족을 일컫는다.

'동이!' 동방을 뜻하는 '동東'은 예로부터 해가 뜨는 곳, 새 생명이 잉태하여 자라는 곳을 의미한다. 역대로 중국의 황제들이 봉선 의식을 거행하기 위해서 찾았던 동악, 태산의 입구에는 '자기동래紫氣東來'라고 쓰여진 현판이 붙어 있다. 문자 그대로 해석하면 '자기동래'는 '상서로운 자줏빛 기운이 동쪽에서 온다'는 뜻이다. 그래서 제왕이나 성현이 출현하는 상서로운 기운은 동에서 일어나는 곳으로 알려져 왔다. '이夷'는 동방에 사는 '활을 잘 쏘는 사람'을 뜻한다. 하지만 동이는

'어진 사람이 사는 곳仁方 사람'을 뜻하는 군자의 나라를 지칭하기도 한다.

인류의 문명은 동방에서 시작되었고, 인류문명의 시원을 연 것은 동방 한민족의 뿌리, 동이이다. 한민족의 뿌리 동이는 동방문명을 개창하였고, 한반도를 넘어서 중국 대륙까지 문명을 개척하고 지배하게 되었다. 역사적으로 볼 때 대표적인 인물은 오늘날 중국이 자신들의 자랑스러운 조상으로 둔갑시킨 배달조선의 14대 치우천황을 들 수 있다.

그런데 중국 전역을 통일하고 지배하게 된 중국의 한漢제국은 동이의 본래적인지위를 박탈하고 말살시켰다. 이때부터 중화中華 사상이 뿌리를 박게 되고, 고대 중국은 주변의 이민족들을 문명이 낮은 야만족이라고 얕잡았던 것이다. 그래서 이른바 '사이四夷'라고 해서 동서남북의 민족을 각기 동이東夷, 서융西戎, 남만南蠻, 북적北狄라고 칭했던 것이다. 이렇게 동방 문명개척의 주체인 동이는 동쪽 오랑캐로 비하되기 시작했고, 그 결과 한민족의 뿌리인 동이의 역사는 근본 뿌리조차 찾을 수 없게 되었으며, 심지어 그 문화의 흔적마저 찾을 수 없는 지경에 이르게 된 것이다.

한민족의 시원 역사, 인류문명의 뿌리를 알아야 새 역사를 재구성할 수 있다. 무정신의 역사가 아닌 유정신의 역사를 창조할 수 있는 역량이 생기게 되는 것이다. 이런 문제에 관해 기존의 잘못된 인식을 바로잡아주는 글이 나왔다. 증산도 상생문화연구소의 김선주 연구위원이 오랜 시간 방대한 자료를 섭렵하여 동이에 대한 역사적인 실상을 명명백백하게 밝혀 놓은 『인류문명의 뿌리 동이』를 출간한 것이다.

이 책은 모든 것이 뿌리로 돌아가는 가을개벽기를 맞이하여 독자들에게 역사의 뿌리 찾기의 일환에 일침을 가하는 글이 될 것이다. 이 책을 통해 인류문명의 뿌리인 동이의 역사를 제대로 이해하고, 나아가 잃어버린 뿌리역사를 바르게 재구성하는데 초석이 되기를 기대한다.

2008년 12월 동지절에
증산도상생문화연구소 연구실장 문계석

차례

인류 문명의 뿌리 東夷

에필로그

오직 동이 東夷만이 대大자를 따른다.

대大자는 사람을 의미한다.

동이인의 풍속은 어질고, 어진 사람은 장수하기 때문에

동이에는 군자들과 죽지 않는 사람들이 사는 나라君子不死之國가 있다.

惟東夷從大大人也 夷俗仁仁者壽有君子不死之國

『설문해자說文解字』註 중에서

chapter 1

동방의 등불

일찍이 아시아의 황금시기에
빛나던 등불의 하나인 코리아
그 등불 다시 한번 켜지는 날에
너는 동방의 밝은 빛이 되리라.

이 시는 인도의 시성 라빈드라나트 타고르(Rabindranath Tagore:1861~1941)가 1929년 동아일보에 발표한 '동방의 등불 (코리아)' 중 일부분이다. 타고르는 우리 민족을 '동방의 등불'로 표현하였다.

타고르가 노래한 동방, 그 '동(방)'은 단순히 방위로서가

태호복희

아니라 새로운 생명이 시작되는 곳으로서의 동東이며, 새로운 문명이 시작되는 곳으로서의 동이다. 이는 문명의 출범기에 아시아의 등불이었던 동방 민족이 다시 열리는 새로운 시대에 세계를 비추는 문명의 등불이 됨을 노래한 것이리라. 자연의 태양이 동에서 떠서 서로 지듯 역사와 문명의 태양도 동방에서 시작된다.

인류문명의 태동은 동방에서 시작되었다. 증산상제가 "마땅히 선천 문명의 조종祖宗은 태호 복희[應須祖宗太昊伏]"(『도전』 5:282:3)라고 지적하였듯이, 동서양 시원문명의 태동을 이끌어낸 대표적인 인물이 동방 배달시대의 태호 복희씨이다. 그는 천지의 움직임을 읽고, 이를 자연수의 상수象數 원리로 체계화하여 인류문명의 새벽을 열어준 문명의 스승이다. 태호 복희씨는 용마龍馬의 등에 그려진 무늬에서 하늘과 땅이 지닌 생명의 율동상을 깨닫고 이를 그림으로 그렸는데, 그것이 바로 하도河圖이다. 그는 자연 속에 숨겨진 질서[象]를 읽고, 이를 천지의 기본수(1~10)로 체계화하여 인류역사에 바쳤다.[1] 이렇게 인류 시원문명은 동방의 동이족에 의해 창시되었다.

고대 동이 민족의 무대와 문화의 영역은 한반도에 국한되지 않고, 광활한 중국 대륙까지 미쳤다. 특히 동아시아의 역사에 등장하는 동이족은 서방의 화하족과 대립하여 고대 중국민족을 형성한 종족을 지칭함과 동시에 한국 상고사의 주인공인 예濊·맥貊·한韓 등을 포괄하고 있었다.

중국의 통일국가를 형성한 한漢 제국은 자국 내의 동이족을 한족과 융화시켜버렸다. 중국 고대의 역사문헌 속에 남아있는 동이는 중국 오랑캐의 하나로 취급되었다. 동이가 중국 변방에 자리잡은 오랑캐의 하나로 비하된 것은 중국의 중화우월주의에 의해 역사의 뿌리부터 왜곡된 결과이다.

사마천司馬遷은 탁록 대전의 역사를 날조하고 치우천황의 존재를 왜곡하여 동북아 역사와 문명의 뿌리를 황제 헌원으로 조작하였으며, 중국이 천자국으로서 천하의 중심이라는 중화사관을 만들어 냈다. 사마천의 탁록대전 왜곡부터 지금의 동북공정東北工程까지 중국의 중화우월주의에 의한 역사왜곡은 지속적으로 진행되고 있다.

---

1) 안경전,『개벽 실제상황』(서울:대원출판사, 2005), 106쪽.

오늘날은 어떤가. 동이족의 자취와 그 흔적은 찾아보기가 어렵게 되었다. 왜냐하면 중국이 영토를 확장하면서 동이족의 역사와 문화를 자국의 것으로 편입시키고 있기 때문이다. 중국의 역사왜곡은 도를 넘어서고 있다. 특히 우리 고대사를 송두리째 중국사로 편입시키려는 동북공정이 노골적으로 진행되고 있다.

역사왜곡의 완결판은 동북공정이다. 2002년 중국정부가 발표한 동북공정은 중국이 고대부터 동아문명의 중심이었다는 역사관을 이론적 배경으로 깔고 있다. 이는 옛 고조선, 고구려, 대진국의 영토였던 만주와 한반도 북녘 땅까지도 중국의 역사강역, 고유영토로 만들겠다는 흉계이다. 결국 동북공정은 한민족 고대사 전체를 중국 역사로 편입시키려는 음모로서 단순한 과거사 차원의 문제를 넘어 우리의 미래까지 위협하는 끔찍한 역사 찬탈인 것이다.

우리와 직접 갈등을 일으키고 있는 동북공정은 중국이 국가차원에서 거대하게 추진하는 '단대공정斷代工程'과 그것을 계승한 '탐원공정探源工程'과 맞물려 있다. 중국 중화문명의 상한연대를 올리는 '하 · 상 · 주 단대공정', 그 이전 시기를 역사화하기 위한 '중화문명탐원공정', 그리고 '동북공정'과 요령성 중심의 동이문명을 중국화하는 '요하문명론'으로 이어지는 중국의 역사 관련 공정들은 거대한 '대중화주의'를 건설하기 위한 전략의 일부다. 우리는 중국의 역사왜곡을 비난만할 것이 아니라, 우리 자신이 스스로의 역사에 대한 긍지를 갖고, 잃어버린 우리 역사의 원형을 회복시켜야 한다.

대자연의 사계절을 보라. 봄에는 씨뿌리고 여름에 가꾸어 성장시키고 가을에는 결실을 거두게 된다. 인류문명의 역사 또한 마찬가지다. 시원문명은 동방의 동이에서 시작되었고, 오늘날의 다양한 성숙된 문명이 그 위용을 자랑하고 있다. 이제 역사문명 또한 결실을 맺을 때이다. 원시로 반본하는 가을개벽기에 인류의 문화는 시원문화의 주체인 동방으로부터 그 결실을 맺게 된다. 왜냐하면 꽃이 핀 초목에서 그 열매를 맺듯이, 문명 또한 그 꽃이 핀 동방에서 그 열매를 맺어야 하기 때문이다. 그러기 위해서 우리는 인류의 뿌리가 되는 시원문화를 찾아 바르게 알아야 하며, 그 문화의 주체인 동이의 역사를 바로 세워 진정한 역사의식을 회복해야 한다.

이제 시원문화의 뿌리가 되는 동이족의 발자취를 찾아가

보자. 우선 동방문화의 주체인 동이의 의미와 그 개념변화를 살펴보고, 동방문화의 기원과 동이족의 활동, 그 문화의 발자취를 정리해보겠다. 그리하여 동방 한민족의 뿌리인 동이가 인류문명의 시원역사를 개척하여 문명의 꽃을 피웠던 역사를 회복하고, 앞으로 새 세상을 여는 문명의 주인공으로서 동이의 역할을 전망해 보고자 한다.

chapter 2

'동東' 과 '이夷' 그리고 동이 개념

'동東'의 의미

동東 자가 갖는 뜻을 풀이해보면, 나무木에 해日가 걸린 모습으로, 동은 태양이 떠오르는 쪽으로 생명의 탄생을 상징한다. 오리엔트(동방)의 어원인 오리엔스(Oriens)도 '해가 뜨는 방향'이라는 뜻으로 문명의 태동을 의미한다.

이렇게 동(방)은 생명·탄생·시작을 의미하며, 태양이 떠오르는 광명의 뜻을 지니고 있다. 광명사상은 동방 한민족 사상의 원형이며, 동방 뿌리시대의 국가도 광명사상을 배경으로 이루어졌다.

시원문명의 뿌리국가는 환국桓國이다. 환국의 환桓은 '하늘의 광명'을 뜻한다. 태고 시절의 인류에게 있어 절대적인 힘의 상징은 태양의 광명이었다. 왜냐하면 태양은 모든 생명의 젖줄이며, 문명을 태동시키는 근간이기 때문이다.

중국에서 집주인을 방동房東이라고 부른다. 동東에는 주인이라는 뜻이 있음을 알 수 있다. 고대 문헌인 『예기禮記』「곡례曲禮」에 "주인은 동쪽 계단으로, 객인은 서쪽 계단으로主人就東階. 客就西階"라는 기록이 있다. 고대로부터 동東이 주인, 주체라는 의미를 가졌다는 것을 보여주는 예이다.

'동東'의 광명사상

동이의 동은 해가 떠오르는 방위로 광명을 상징한다. 태양의 본질은 광명이다. 따라서 광명사상은 동이족의 태양 숭배사상과 연결된다. 고대인들은 태양에 의지하여 생활과 생존을 영위했다. 그래서 옛사람들은 모두 태양과 불이 서로 통하고, 봉조鳳鳥와 태양을 동일하게 생각하고 있었다. 자연스레 태양에 대한 숭배는 봉황에 대한 숭배로 이어졌다.

봉鳳토템은 동이족과 밀접한 관련이 있다. 봉황이 동방군자의 나라에서 나왔다는 것도 동이족이 봉을 토템으로 삼았음을 말해주는 예이다. "봉황은 동방군자의 나라에서 나와서 사해四海밖을 날아 중국 전설상의 높은 산인 곤륜산崑崙山을 지나 지주砥柱의 물을 마시고 약수弱水에 깃을 씻고 저녁에 풍혈風穴에서 자는데, 이 새가 나타나면 천하가 크게 태평해진다고 한다."[2] 그래서 봉황은 성스러운 천자聖天子의 상징으로 인식되었다. 한유韓愈의『송하견서送何堅序』에서는 "내가 듣기로 새 중에 봉이 있는데, 항상 도道가 있는 나라에서 출현한다"[3] 라고 하였다.

태양을 숭배하는 동이족의 봉 토템과 삼족오三足烏도 밀접한 관련이 있다. 중국의 대표적인 신화학자 왕대유王大有는 봉황은 동이족의 상징 토템이었으며, 그 원조는 삼족오라

---

2) 지주砥柱 : 황하 중류에 있는 기둥모양의 돌. 위가 판판하여 숫돌 같으며 격류 속에 우뚝 솟아 꼼짝하지 않으므로, 난세에도 의연히 절개를 지키는 선비에 비유된다.
  『산해경山海經 · 남산경南山經』에는 "단혈산에 ……새가 있는데, 모습은 닭과 같고, 오색 문채를 띠고 있다. 이름은 봉황鳳凰이라 한다. 그의 머리무늬(首紋)는 덕, 익문翼紋은 의義, 배문背紋은 예禮, 응문膺紋은 인仁, 복문腹紋은 신信을 나타낸다. 이 새는 자연물을 먹으며, 스스로 노래하고 춤춘다. 이 새가 나타나면 천하가 태평해진다."라고 했다.

3) 吾聞鳥有鳳者. 恒出於有道之國. (한유韓愈,『송하견서送何堅序』)

고 설명하였다.[4] 삼족오는 상고 시대에 동북아시아 널리 퍼져 전하던 일오日烏의 신화에서 기원하였다. 일오는 해에 산다는 까마귀이고 해는 양을 대표하는 이름 그대로 태양이었다.[5] 삼족오는 태양새로서 동이족의 광명사상에 뿌리를 두고 있다.

'이夷'의 의미

'동이'의 '이夷'는 여러 의미를 포함하고 있다. 그 중에서 중심적인 의미는 '활을 사용하는 동쪽 사람', '신을 대신하는 사람', '어진 사람仁者'으로 요약해 볼 수 있다.

우선 '동이'의 '이夷'는 '활을 사용하는 동쪽 사람'의 의미를 가진다. 후한시대 허신許愼이 편찬한 『설문해자說文解字』에서는 이에 대해 "동방지인야. 종대종궁東方之人也. 從大從弓"이라고 풀이하고 있다.[6] 즉 '이'라는 것은 대大, 즉 인

---

4) 王大有(저), 임동석(역), 『龍鳳文化源流 - 신화와 전설, 예술과 토템』 (서울:東文選, 1994) 참조.

5) 허흥식, 「삼족오의 동북아시아 기원과 사상의 계승」(『삼족오』, 서울: 학연문화사, 2007), 32쪽.

人을 따르고, 궁弓을 따르는 것으로, 동이는 활을 쏘는 동쪽 사람이란 뜻이다.

'활을 사용하는 동쪽 사람'과 관련하여 『죽서기년』을 비롯한 선진시대의 문헌과 여러 금석문에서 동이에 대한 다양한 호칭을 발견할 수 있다.[7] 『후한서』「동이열전」에 의하면 황하유역하류와 강회유역에서 활약한 동이는 모두 9종으로, 견이畎夷, 우이于夷, 방이方夷, 황이黃夷, 백이白夷, 적이赤夷, 현이玄夷, 풍이風夷, 양이陽夷가 그것이다. 동이라는 호칭을 쓰기 전에 동방민족의 호칭을 그냥 이夷라고 하였고, 이자夷字 앞에 지역 등의 특징명칭을 덧붙여 불렀던 것으로 보인다. 여기에서의 동이는 중국인들의 조상인 화하족華夏族=漢族과는 다른 이민족을 칭하는 말이다. '동이족東夷族'은 '동쪽에 있는 이, 즉 활을 잘 쓰는 족속'이란 뜻이다. 이는 당시 동북아 지역에 널리 퍼져 있는 기마민족의 문화양식을 대표하는 것으로 보여진다.

---

6) 段玉裁(注), 『說文解字注』(臺灣:蘭臺書局. 1977) 참조.

7) 『후한서』「동이열전」의 주에 인용된 『죽서기년』에 의하면 황하유역하류와 강회유역에서 활약한 동이는 모두 9종으로 견이畎夷, 우이于夷, 방이方夷, 황이黃夷, 백이白夷, 적이赤夷, 현이玄夷, 풍風夷, 양이陽夷이다.

다음으로 '이'는 '신을 대신하는 사람'이란 뜻으로 신성한 종족을 뜻한다. '이'자의 기원적인 의미는 상대의 갑골문甲骨文을 통해 볼 수 있다.[8]

여기에서 '이'는 사람이 똑바로 서있는 형상으로 그려져 있는데 '시尸', '인人'과 더불어 모두 사람이 똑바로 서있는 형상을 나타내고 있다.[9]

---

8) 夷: 갑골문의 동이족을 나타내는 '亻' 글자는 동이족이 구부려 앉고, 꿇어앉지 않는 생활습관을 표현한 것이라고 한다.

동이족을 나타내는 '亻' 글자는 후에 인류 전체를 나타내는 '人' 자와 인간의 기본 덕성을 말하는 '仁' 자로 발전했다.

9) 사람 '人' 자는 갑골문과 금문의 '이夷'를 나타내는 '亻' 자에서 변하여 이루어졌다.

갑골문자에서 '人' 자의 원형인 '亻'은 어진 동이족을 표시한 고유명사라는 견해도 있다.

특히 상대에 동이는 '인방人方', '시방尸方'이라 불려지기도 했다. 이때 '시尸'는 단지 주검을 말하는 것이 아니다. 제사 때 신이 응감하도록 앞에 세워놓은 시동, 신상으로 '신을 대신하는 사람, 신의 대리인'을 뜻한다.[10] 이것은 당시 동이족이 얼마나 신성한 종족으로 비쳤는지를 단적으로 말해준다.

마지막으로 '이'는 '인仁'의 의미를 가진다. 그래서 '동이'는 동방에 살고 있는 '어진 사람仁者'을 나타냄을 알 수 있다. 즉 '이夷'란 글자 자체에 어질다는 뜻이 들어 있다. 대大와 궁弓이 결합된 이는 '사람', '어질다', '활을 잘 쏜다'는 의미를 지닌다. 이의 옛 글자는 이尸라 하는데 이尸는 인야仁也라고, '어질다'는 의미로 쓰였다고 한다.

'이'가 '어진 사람'을 뜻하고 있음은 『후한서』「동이열전」에서 찾아볼 수 있다. 『후한서』「동이열전」에서 "「왕제王制」에 이르기를 '동방을 이라 한다.' 이는 근본을 말한다. 그 의미는 이가 어질고 살리기를 좋아해 만물이 대지로부

---

10) 김대성 엮음,『금문의 비밀』(서울:컬처라인, 2002) 참조.

11) 王制云, 東方曰夷. 夷者柢也, 言仁而好生. 萬物柢地而出. (『후한서』「동이열전」) 저柢와 이夷를 동일한 개념으로 본 이 해석에서 동이의 이夷는 뿌리, 근본을 의미하는 이자, 즉 동방의 뿌리라는 의미가 담겨 있음을 알 수 있다.

터 솟아나오는 것과 같음을 말하는 것이다.[11] 이는 바로 동이족이 문명을 일으켜 살리는 주인공이요, 하늘의 이치에 따라 사는 어진 민족, 즉 군자국의 주체임을 나타내고 있다.

그러므로 동이의 개념에는 동이족의 성격이 드러나 있다. 동이는 태양과 광명의 뜻을 지니고 있으며, 환국−배달−조선으로 이어지는 동방의 뿌리시대 국가도 광명사상을 배경으로 이루어졌다. 동이족의 상징 토템인 봉황도 광명숭배에서 나왔으며, 삼족오는 광명숭배의 원 뿌리로서, 동아시아의 천자국이었던 배달−단군조선−북부여−고구려의 상징이다. 이는 또한 밝음으로 세상을 다스리는 동방 한민족의 광명이세光明理世사상을 나타내는 것이기도 하다. 또한 동이는 동쪽의 활을 쓰는 어진 사람이란 의미로 우리 민족의 성격을 그대로 나타내고 있다.

동이의 의미 변화와 왜곡

광명사상을 바탕으로 형성된 족속, 다시 말해서 '활을 사용하는 동쪽에 사는 사람', '신을 대신하는 사람', '어진 사람' 등을 지칭하는 동이족은 고대 중국의 '진', '한', '당' 대에 걸쳐 전혀 다른 뜻을 담은 민족으로 폄하되었다. 동이족은 크게 세 가지 뜻을 포함하고 있다.

첫째, 중국 한족에 대한 상대적 개념의 동방 이민족에 대한 명칭으로 쓰여왔다.

여기에서의 동이는 진秦나라가 중국을 통일하기 전에 중국의 동부 산동성, 강소성, 안휘성 등지와 만주 및 한반도에 퍼져 살던 족속으로 중국인들의 조상인 화하족華夏族=漢族과는 다른 이민족을 지칭하는 말이다.

둘째, 동이족은 또한 동방의 조선족, 동북아 유목민을 의미하기도 한다.

진나라 통일 이후에는 산동반도에 거주하던 동이족의 일부가 중국 역사에 흡수되어버렸기 때문에, 만주와 한반도에 분포한 한, 예맥 등을 동이로 지칭하였다. 즉 동이족의 범위가 상당히 동쪽으로 축소 이동한 것이다. 당唐나라 이후에는 동북아 만주지역에 거주하던 민족을 일컬어 흔히 동이라고 하였다.

일본의 역사학자 야기쇼우사브로우[八木裝三郞]는 첫 번째 의미의 동이를 옛 동이요, 두 번째 의미의 동이를 새 동이라 하고, 또 동이는 발해만을 중심으로 한 그 둘레 지역에 살던 옛 민족이라 하였다. 이 옛 동이는 상고시대부터 화·하계통과 더불어 중국에서 함께 살다가, 주나라 초기에는 크게 강성하였다. 그러나 그 뒤에 주나라 임금들과 제후국들의 배척을 받아 점점 쇠약해졌다. 진시황이 산동성의 여섯 나라들을 통합시킨 뒤로부터, 동이 사람들은 마침내 흩어져 일반 사람이 되었다. [12]

셋째, 동쪽 오랑캐를 지칭한다. 화하족 우위의 중화사상이 자리잡으면서 동이족은 '동쪽 오랑캐' 란 뜻으로 비하되었다. 한漢나라 때의 중국인은 변방의 종족을 동이東夷·서융西戎·남만南蠻·북적北狄이라 불렀는데, 동이족은 바로 변방의 오랑캐 가운데 동쪽의 종족을 지칭하는 것이다. 동이라는 호칭을 쓰기 전에 동방민족의 호칭을 그냥 이夷라고 하였다. 간혹 이夷가 동이東夷·서이西夷·남이南夷·북이北夷와 같이 주변의 이민족을 지칭하기도 한다.

　문명의 시작을 알리는 동쪽에 사는 '활을 쓰는 어진 사람', '신을 대변하는 신성한 민족'을 의미하는 동이족은 후대 중국 동쪽 변방의 오랑캐로 지침 되면서 그 원래의 의미를 상실하게 되었다. 그 결정타는 동이족의 후예이지만 노나라에서 태어난 공자孔子의 '춘추필법'에서 비롯된다.
　공자는 『춘추春秋』를 쓰면서 이夷를 융戎, 적狄 등과 함께 오랑캐의 뜻으로 기록 하였다. 『춘추』는 노나라 242년간의 사적에 대하여 간결한 사실史實을 적고, 선악을 논하고 대의명분을 밝혀 그것으로써 천하 후세의 존왕尊王의 길을 가르쳐 천하의 질서를 유지하려는 목적에서 저술되었다. 이 춘

---

12) 林惠祥, 『中國民族史』(上海:商務印書館), 제4장 참조.

추의 표현법이 '춘추의 필법'으로 일컬어졌다. 그러나 그것은 공자의 주관적 관점에서의 객관성이었을 뿐 진정한 객관성은 아니었다. 『춘추』에서 공자는 중화중심적 입장을 드러내었다. 그것은 '중국은 높이고 외국은 깎아내리며尊華攘夷' '중국사는 상세히, 외국사는 간단히 기술하고詳內略外' '중국을 위해 수치를 숨긴다爲國諱恥'는 것이다.

'동이'의 의미 변화와 그 배경

'동이'가 어떻게 해서 변방의 오랑캐로 폄하되었을까? 여기에는 여러 요인들이 있을 것이다. 특히 '동이'라는 말 속에 포함된 의미는 역사적인 측면과 정치적인 측면이 맞물리면서 상당한 변화가 일어나게 됐음을 알 수 있다.

그 배경으로 화하족과 동이족의 정치적 대결을 들 수 있다. 이른바 화하족이라 부르는 중국 한족의 조상들은 밖으로는 북쪽의 흉노로 부터 위협을 받아왔고, 안으로는 사람이 살기에 가장 좋은 조건의 동쪽 황하 유역에 자리 잡고 있던 동이족과 삶의 터전을 놓고 쟁탈전을 벌여왔던 것이다.

이 쟁탈전의 출발점은 대략 4700년 전 중국 사람들이 그들 민족의 시조로 삼아 온 황제 헌원과 치우천황과의 싸움으로 시작된다.

이에 대해 사마천의 『사기』권1「오제본기五帝本紀」에는 다음과 같이 기록되어 있다.

"신농씨의 나라가 쇠하여 제후들이 서로 다툴 뿐만 아니라 백성들을 사납게 짓밟았으나 신농씨는 이를 휘어 잡지 못하였다. 이때 헌원이 무력으로 제후를 치니 모두 와서 복종하였다.

그러나 치우가 가장 사나워 칠 수가 없었다. 염제가 제후를 침탈하려하자 제후가 헌원에 귀의하였다. 이 때 치우가 복종하지 않고 난을 일으키므로 헌원은 여러 제후들을 불러 모아 탁록의 들에서 치우와 싸웠다. 드디어 치우를 사로잡아 죽이고 제후들이 헌원을 높이므로 신농씨를 대신하여 천자가 되었다."[13]

---

13) "神農氏世衰. 諸侯相侵伐, 暴虐百姓, 而神農氏弗能征. 於是軒轅乃習用干戈, 以征不享. 諸侯咸來賓從. 而蚩尤最爲暴, 莫能伐. 炎帝欲侵陵諸侯, 諸侯咸歸軒轅. 蚩尤作亂, 不用帝命. 於是黃帝乃徵師諸侯, 與蚩尤戰於涿鹿之野, 遂禽殺蚩尤. 而諸侯咸尊軒轅爲天子, 代神農氏, 是爲黃帝."(『사기』권1「오제본기五帝本紀」)

치우북채 | 치우군이 주둔했던 북쪽 요새. 황제가 치우와 큰 싸움을 벌였던 장소는 중국 북경 서북쪽 탁록현涿鹿縣 반산진磐山鎭의 황토원이다. 당시 치우군이 주둔했던 치우채를 보면 지형에 따라서 남채, 중채, 북채의 세 요새가 있었다. 현재 이 흙으로 된 요새는 아주 잘 보존되어 있고, 치우성에는 아직 담의 흔적이 남아 있다.

이렇게 『사기』에는 황제 헌원이 난을 일으킨 치우를 죽이고 전쟁에서 승리한 것으로 기록되어 있다.

그러나 『환단고기』 「삼신오제본기三神五帝本紀」에는 다르게 쓰고 있다.[14] 『환단고기』는 사료적 신빙성이 부정되기도 하지만, 한민족 고대사의 진실을 볼 수 있는 내용이 담겨있는 전통 사서이다.

'복희가 다스리던 나라를 신농이 다스려 왔는데 마지막

---

14) 『환단고기』는 강단 사학자들에 의해 사료적 신빙성이 부정되기도 하지만, 그들이 비판하는 근거는 '자구字句의 사용' 등의 지엽적인 것으로, 『환단고기』가 잃어버린 한민족의 역사가 담겨 있는 전통 사서임을 부정할 수는 없다.

삼조당 | 중국은 1995년 하북성 탁록현涿鹿縣에 귀근원歸根苑이란 거대한 사원을 세우고 그 안에 세 조상을 모시는 '삼조당三祖堂'을 건립했다. 세 조상이란 염제炎帝와 황제, 그리고 치우를 뜻한다. 염제와 황제는 원래부터 한족漢族의 조상이었지만 치우는 이민족으로 중국인들의 마음속에 자신들의 조상이 아니다. 그러나 '대중화주의'를 건설하려는 목적을 위해 중국이 치우를 뒤늦게 그들의 조상으로 편입시켰다.

임금인 유망楡罔에 이르러 정치를 어지럽게 하여 나라가 혼란하였다.

치우는 유망을 토벌하여 서쪽 땅을 안정시키기로 하였다. 치우는 군대를 이끌고 유망의 수도를 함락시켰다. 이 때 헌원은 자기도 천자가 되겠다는 뜻을 품고 탁록에서 크게 군사를 일으켜 대항하려 하였다. 그리하여 탁록 대전이 벌어지게 되었다.

치우가 군대의 진용을 정비하여 사면으로 진격한 지 10년 동안 헌원과 싸운 것이 73회나 되었다. 치우 군대는 헌원을 향하여 사방에서 조여 들어 갔으나 굴복하지 않자 크게 안

중국 하북성 탁록 중화삼조당내 | 중화삼조당 안에는 5.5m 높이의 치우, 황제, 염제의 상이 있고, 이들은 모두 중화민족의 조상으로 모셔지고 있다.

개를 일으켜 지척을 분간할 수 없게 하고 싸움을 독려하였다. 그러나 헌원이 여러 차례 싸워 치우에게 패하고도 다시 크게 군사를 일으키고 치우를 본받아 병기와 갑옷을 만들고 지남거指南車를 만들어 감히 백번이고 싸움을 걸어왔다.

치우의 군사는 헌원이 다시는 싸울 마음을 갖지 못하도록 하기 위하여 한 판 큰 싸움을 벌려 한 개의 진을 완전히 초토화 하였다. 이 때 비석박격기飛石迫擊機를 처음 사용하였는데 이 무기로 진을 이루고 진격하니 헌원의 군대는 끝내 저항하지 못하였다. 이 후에야 싸움이 그쳤다.'

『환단고기』에 의하면 탁록 대전은 헌원이 치우에게 대항하여 벌어지게 되었고, 전쟁의 승리자는 헌원이 아니라 치우이다. 즉 제후의 위치에 있었던 헌원이 천자가 되겠다는 야망을 품고 군사를 일으켜 천자인 치우천황에게 도전해온 것이니, '황제작란黃帝作亂'이라 함이 역사의 진실이다.

'동이'의 의미 폄하

여기서 황제헌원과 그 족속(화하족)은 치우천황과 그 족속(동이족)에게 패하였기 때문에, 그들은 물론 그 후손들의 마음속에는 항상 치우와 동이족에 대한 공포와 적개심이 있었으며 이 상태로 2300여년을 흘러 진시황까지 내려오게 된다.

화하족은 2300여년 동안 황하 중·상류에 머물러 있을 수밖에 없었다. 그러다가 진시황에 이르러 강력한 힘을 길러 동진을 거듭하여 중국대륙 전체를 그들 화하족의 확실한 터전으로 만드는 전국 통일을 달성하였다. 그후 진시황은 동이족을 변방으로 밀어내거나 무자비하게 숙청하고 한편으로는 동화시켜 통일제국을 이룬 것이다.

화하족은 동이를 대인으로 우러러보면서도 계속되는 동이족의 정복정책에 시달려 나중에는 동이의 이름만 들어도

두려움에 떨게 되었다. 자연히 동이족에 대한 적개심이 쌓여 동이東夷의 뜻을 오랑캐로 바꾸어 해석하게 됐던 것이다.

특히 한무제 때 사마천이 중국 최초의 정사인 『사기』를 저술하면서 동이의 역사를 뿌리부터 왜곡하였다. 동이는 크게 상 · 주시대에서 춘추전국시대까지 다양한 명칭으로서, 산동 등 중국의 동부지역에 존재한 동이와 진 · 한 통일 이후 요동지역을 중심으로 존재한 동이로 구분할 수 있다. 한대 이후 중국인들이 인식한 '동이'는 조선과 그 주변의 세력일 뿐이었고, 문명이 시작되는 동쪽의 활을 쓰는 어진 사람을 지칭하는 동이는 소멸되었다. 그러나 『후한서』「동이열전」 서문에서는 상 · 주에서 춘추전국시대까지의 동이와 한나라 이후 사서에 등장한 동이를 구분하지 않고 기록하였다. 그리하여 종래 동이의 범위와 개념에 더욱 혼란을 초래하게 되었다.

한나라 이후 쓰여진 사서에 나오는 동이는 전국시대까지 중국의 동부지방에서 활약한 '동이'와는 전혀 다른 의미의 존재였다. 진나라 이후 만주와 한반도에 살고 있는 조선족과 숙신과 동호의 후신은 물론 일본 등지에 살던 족속들을 '동쪽 오랑캐'란 뜻으로 비하한 말이다. 이는 화하족 우위의 사상(中華思想)에 의거한 서융西戎, 남만南蠻, 북적北狄과 같은 오랑캐의 맥락으로 동이라 한 것이다.

이에 비해서 우리 역사상에 동이라는 표현이 우리 민족에 대한 표현으로 수용된 것은 조선시기에 이르러서다.

『조선왕조실록』에 보이는 동이의 의미와 내용은 중국인의 관점에서 중화에 대비되는 오랑캐나 주변국에 대한 폄칭적 표현과 함께 우리 민족에 대한 통칭적 표현으로 나타나기도 한다.

"조림趙琳이 중국 남경으로부터 돌아와…예부의 자문을 받들어 전달했다. 그 자문은 이러했다…. 고려는 산이 경계를 이루고 바다가 가로막아 하늘이 동이를 만들었으므로, 우리 중국이 통치할 바는 아니다."[『조선왕조실록』권2, 태조1년 11월27일(갑진)]

또한 조선시대인들 스스로 자신을 지칭하는 표현으로 동이가 사용되고 있다.

"선왕께서 반드시 말씀하시기를 '혁명한 지 오래 되지 아니하여 민정이 인정되지 아니했으니, 동이의 습속을 갑자기 바꾸어 여러 사람들을 놀라게 할 수가 없다'고 했을 것이요."[『조선왕조실록』권86, 성종 8년 11월26일(기축)]

그러다가 조선중기의 실학자들에 의해서 동이는 더 이상 폄칭이나 주변부적 존재에 대한 표현이기보다는 화하에 대응하는 동등개념으로 인식하는 관점이 정립되기 시작하였다. 한치윤은 동이성격을 중국적 화이관華夷觀이 아닌 독자문화 중심 측면에서 논의를 전개했다. 안정복은 동이 전체가 바로 우리 민족을 의미하는 표현이라는 인식은 보유하고 있지 않았으며 '동이일부'가 우리 민족과 관계가 있고 그 중심무대가 요동지역이라는 인식을 갖고 있었다. 정약용은 선비·여진과 함께 우리 민족을 광의의 동이개념속에 포괄하여 설명하고 있다.

실학자들은 산동지역 동이와 요동지역 동이를 함께 망라한 『후한서』동이전 서序의 내용체계를 수용한 한치윤의 견해를 바탕으로 동이인식의 시공간적 폭을 확대했다. 또한 동이의 중심거점이 요동지역이었으며 단군으로 상징되는 우리 민족이 이들 동이의 일원이었다는 점을 인식하고 있었다. 이 같은 인식은 이후 민족주의 사학 및 재야사학으로 연계되어 산동 동이와 요동 동이 즉, 전국 이전 동이와 한대 이후 동이를 동일한 존재로 파악하여 그 외연과 상한을 확대 파악하는 양상으로 정형화되었다.15)

동이 역사왜곡의 실상

이렇게 동이족 역사는 그 뿌리부터 왜곡되었다.

중국은 사마천의 탁록대전 왜곡부터 기자조선 역사왜곡, 지금의 동북공정까지 한민족 고대사를 중국 역사로 편입시키려는 음모를 지속적으로 진행하고 있다. 중국이 이렇게 역사왜곡을 자행하는 이유가 무엇인가? 그 근본적인 이유는 시원문명의 뿌리요, 주체국인 천자국의 지위를 차지하려는 야망에서 비롯된다. 그들은 한민족의 뿌리 역사를 중국 역사로 편입시켜 천자국의 종주권을 찬탈하려고 끊임없이 역사 전쟁을 일으키고 있는 것이다.

이러한 중국측의 역사왜곡을 그대로 방치한다면 우리의 뿌리역사를 상실함은 물론 민족 정체성까지 상실하게 될 것이다. 지금 국내 학계에서 그들이 내세우는 근거가 틀리다는 소극적인 주장이 나오기는 하지만 전 국가적 역량을 발휘하여 보다 적극적인 대응이 요구된다.

황하문명보다 앞선 시기의 요하문명 유적이 발굴되자, 중국 역사학계는 요하문명도 중국 문명의 일부이고 황하문명

---

15) 조법종, 『고조선 고구려사 연구』(서울:신서원, 2006), 43-60쪽 참조.

에 영향을 끼쳤다는 주장을 내놓기 시작했다. 심지어 이러한 주장의 연장선에서 중국은 요하에서 활약한 것으로 보이는 동이족의 천자로 대변되는 치우를 황제, 염제와 더불어 중국의 조상이라며 '중화삼조당'을 지었다.

그러나 요하문명을 주도한 동이족은 동진하여 한반도로 들어와 기틀을 잡았고, 한반도에서 그 문화의 꽃을 피웠다. 그 예로 요하 상류에서 발굴되는 청동기는 황하가 아닌 만주와 한반도로 전래됐던 것이다. 고인돌의 분포 역시 그곳에서 시작돼 만주와 한반도로 전래됐음을 보이고 있다. 요하문명의 주력은 만주와 한반도로 전파된 것이다.

동이와 동방의 뿌리시대 국가

동방의 뿌리시대 국가

증산도 『도전』은 동방의 뿌리시대 국가로 환국-배달-조선으로 이어지는 삼성조시대가 존재하였음을 지적하고 있다.

"한민족은 환국-배달-조선의 삼성조시대가 지난 후 열국시대 이래 중국 한족漢族과 일본의 상고上古 역사의 왜곡으로 민족사의 뿌리가 단절되어 그 상처가 심히 깊더니"(『도전』 1:1:7)

오늘날의 문명의 창세 역사를 거슬러 올라가면, 환국에서 비롯되었음을 짐작할 수 있다. 『환단고기』 「삼성기」 상편의 기록에 의하면 인류 최초의 국가는 환국이며 그 연대는 대략 기원전 7200년으로 기록되어 있다. 환국의 초대 통치자는 안파견安巴堅 환인桓仁이다.

"환국은 중앙아시아의 파미르 고원에 있는 천산(天山:일명 파내류산)에서 시작하여 천해(바이칼호)의 동쪽으로 뻗어나가 그 영토가 동서 2만리, 남북 5만리에 달했다. 지금의 중앙아시아, 중국 등에 걸치는 광활한 영토였다. 환국의 백성들은 천산에서 천해에 이르는 넓은 땅에 흩어져 살면서 문명을 개척하였다." 이처럼 인류문명의 첫 발을 내딛고 자연과 조화되어 살던 태고의 시원역사가 있었기에 우리 조상들은 "우리 환족의 나라 세움이 가장 오래되었노라!吾桓建國最古"(『환단고기』「삼성기」상)고 당당히 선언 할 수 있었던 것이다.[16]

또한 『고기』에 의하면 환국은 광대한 영토를 갖고 있었으며, 그 광대한 영토 내에 12개의 연방국을 거느리고 있었다. 환국 12연방 가운데 특히 수밀이국須密爾國이 있는데, 통상 고대 슈메르로 해석하고 있다. 슈메르인의 창세신화에는 자신들의 선조가 검은 머리의 인종으로 묘사되어 있다.

환국은 전 인류의 뿌리국가이면서 우리 한민족의 뿌리나

라이다. 왜냐하면 환국—배달국—조선으로 이어지는 민족을
보통 동이족의 중심 세력이라 하며, 한민족은 동이족의 종
통을 이은 국가이기 때문이다. 따라서 한韓의 민족적 정신
의 뿌리는 바로 하늘의 광명, 환에 있다.

환국의 초대환인을 안파견이라 하였는데, 「태백일사」에
는 안파견의 의미에 대해 구체적으로 설명하고 있다. 즉 안
파견이란 '하늘을 계승하여 아버지가 되었다' 는 뜻의 이름
이라는 것이다. 하늘을 계승하여 아버지가 되었다는 것은
우리민족이 고대부터 하늘의 자손이라는 천손天孫 · 천민天
民의식을 가지고 있었다는 것을 나타낸다.

환국의 종통을 이어 받아 새로운 문명을 개척한 국가는 광

---

16) 일본의 역사학자 이마니시 류今西龍는 『삼국유사』「정덕본」의 '석유
환국昔有桓国' 의 '국国' 자를 '인因' 자로 조작하고 이것을 『삼국유사』
「경도제대 영인본」으로 배포하였다. 즉 환국이라는 한 국가의 실존
역사를 한 인물의 신화로 조작한 것이다.
환인이라는 명칭은 불전佛典에서 따온 제석신帝釋神의 이름으로 『삼국
유사』의 저자인 일연이 윤색한 것으로 여겨진다. 원래는 '하느님' 이라
는 한글의 근원이 되는 어떤 어형의 음사音寫로 추측되고 있다. 이러한
점에서 『환단고기』「삼성기」하에서 적고 있는 '환인桓仁' 을 하느님을
의미하는 '환국의 통치자' 의 본래 명칭으로 보아야 할 것이다.

환국 강역 지도

명의 나라 배달이다. 배달국은 환국말기 환웅이 환인에게서 천부인 세 개를 전수받아 문명개척단 3천명을 거느리고 백두산 신단수에 도착하여 신시를 개창하면서 시작되었다.

배달은 광명을 의미하는 '밝'과 땅을 의미하는 '달'의 합성어로서 태양이 가장 먼저 비추는 밝은 광명의 동방 땅을 의미한다. 환국의 환인천제로부터 "만세 자손의 홍범으로 삼으라"고 내려준 천부인天符印을 받은 환웅은 동방에 태양이 가장 먼저 비추는 광명의 땅인 백두산의 신단수에 신시를 열고, 국호를 배달倍達이라 하였다.

배달국은 환웅 18세에 전체 역년은 1565년에 이르렀다.

배달은 대략 5900년 전에 나라를 세우고, 중국의 황하강 유역에까지 영토를 확장하고, 이를 발판으로 하여 중원문명을 개척하였다. 이곳이 중국의 고대 황화문명의 터전이 된다. "주역의 창시자인 태호 복희와 의약과 농경, 교역의 창시자인 염제 신농씨는 동방 신시배달의 혈통으로서 중원 땅에 분국分國을 세우신 배달의 성황聖皇들이다."[17]

배달국이 넓은 중원 땅으로 그 강역을 확장하자 결국은 서방의 한족과 배달의 동이족은 영토분쟁 및 주도권 쟁탈전이 벌어질 수밖에 없었다. 서방족을 대표하는 황제 헌원과 동방배달국의 천자인 14세 환웅(치우천황)은 지금으로부터 약 4700년 전에 무려 10년 동안이나 전쟁을 하였고, 결국 치우천황은 탁록 대전에서 황제를 굴복시켜 중원의 패권자로 군림하게 되었다.

단군왕검은 18세 환웅 말엽 나라가 어지럽게 되자 그 혼란을 바로잡고 배달국을 계승하여 고조선을 개국하게 된다. 단군왕검은 배달국의 웅족 출신으로 아사달에 도읍하여 나라를 세우니 요임금과 같은 시대로, 지금으로부터 약

---

17) 안경전, 『개벽 실제상황』, 209쪽.

4300여년 전의 일이다.[18]

단군왕검이 세운 고조선은 청동기 문화의 주인공이다. 청동기 문명의 대표적인 유물로 비파형 단검을 꼽을 수 있는데, 이는 발해 연안 북부, 송화강 유역, 만주와 한반도 등에서 광범위하게 출토된 바 있다. 청동기 문화의 주인공은 바로 동이족으로 당시 동북아 문명의 주역이며, 단군조선이 광활한 동북아시아 제국을 형성했음을 보여주고 있다.

단군조선 또한 배달의 광명사상을 이어받아 광명에 비친 동방의 땅을 상징한다. 고조선은 배달국으로부터 내려온 신교를 계승하여 신교의 삼신관을 역사속에 실현한 신정국가였다. 단군왕검은 삼신의 덕성, 즉 조화신, 교화신, 치화신을 바탕으로 전영토를 진한, 번한, 마한의 삼한三韓으로 나누어 통치하였다. 신교문화의 삼신사상이 국가의 통치원리로 제도화한 것이다. 단군조선은 마흔일곱 분(47세)의 단군에 의해 2096년간 존속했다.

---

18) 일연一然은 『삼국유사』에서 다음과 같은 『위서魏書』의 기록을 인용하였다. "지난 2000년 전에 단군왕검이라는 분이 계셨다. 도읍을 아사달에 정하고 나라를 창건하여 이름을 조선이라고 하니 요임금과 같은 시대다" 魏書云. 乃往二千載有壇君王儉. 立都阿斯達. 開國號朝鮮. 與高同時.(『삼국유사』「고조선」)

환국(7세 환인 3301년), 배달국(18세 환웅 1565), 단군조선(47세 단군 2096년), 이것이 동방 한민족의 뿌리국가인 삼성조시대이다.

문명의 시작과 그 열매는 동방 땅에서

오늘날 우리 민족의 역사적 뿌리는 어떠한가? 인류의 시원문명을 일으키고 하늘의 아들로 정통성을 내세우며, 동아시아의 천자국을 자칭하던 동이족은 뿌리없이 떠도는 신세가 되었다.

오늘날 한민족은 뿌리 역사를 잃고 심지어 그 실체를 부정하기까지 하고 있다.

> 朝鮮國 上計神 中計神 下計神이 無依無托하니 不可不 文字 戒於人이니라
>
> 조선국 상계신(환인) 중계신(환웅) 하계신(단군)이 몸 붙여 의탁할 곳이 없나니 환부역조하지 말고 잘 받들 것을 글로써 너희들에게 경계하지 않을 수 없노라.(『도전』 5:347:16)

환국, 배달, 조선의 개국시조인 환인, 환웅, 단군의 역사적 실존이 부정되고, 시원 역사를 부정하기까지 하는 상황

에 이르렀다.

증산상제는 "나도 단군의 자손이니라." (『도전』2:26:1-3) 라고 선언하였다. 동방 한민족은 단군의 자손으로서, 고대 동방문명을 창시한 동이족의 후손이기도 하다.

증산상제는 "너의 동토에 인연이 있는 고로 이 동방에" (『도전』2:94:6)오게 되었다고 말씀하였다.

공자는 『주역周易』「설괘전說卦傳」에서 우주만물의 통치자이자 주재자인 상제님께서 동방에 강세하시어 새로운 역사를 창출하실 것을 우주변화 원리의 측면에서 제시하였다.

"제가 진에서 나서 …간에서 이루니라. …동북간방은 만물의 끝남과 새로운 시작이 이루어지는 곳이라. 고로 모든 말씀이 간방에서 이루어지느니라." (『주역』「설괘전」)[19]

『주역』에 의하면 진괘는 동방의 괘이고, 간괘는 동북방의 괘이다.

상제가 진방 즉 동방에서 출세하시고, 간방 즉 동북방에서 만물의 끝남과 시작이 이루어짐을 의미한다. 동북 간방

---

19) 帝出乎震. … 成言乎艮. …艮東北之卦也. 萬物之所成終而所成始也. 故曰成言乎艮.(『주역』「설괘전」)

은 지구의 동북방, 대한민국을 말한다.

　동북 간방은 예로부터 문명지방文明之方이라 하여 지구의 시원문명이 열린 곳이다. '간艮'은 변화가 끝나고 새로 시작되는 자리로서 말씀이 이루어지는 곳을 뜻한다. 그래서 간방은 인류문명의 '끝남과 시작'이 함께 이루어지는 곳終於艮始於艮을 의미한다. 다시 말하자면 간은 초목에 비유하자면 열매인데, 열매는 초목에서 결실이자 씨앗을 나타낸다. 따라서 동북 간방은 천지의 열매가 맺어지는 곳이다.

　증산상제는 고대 시원문명을 창시한 동이족의 후손인 한민족의 뿌리역사를 회복시켜 역사를 바로잡고 문명의 결실을 맺도록 하기 위해 동방 조선에 인간으로 강세하였다. 증산상제가 동방에 강세한 이유는 '원시반본原始返本'이라는 우주의 천리天理에 따른 것이다. 즉 천지의 가을 개벽기에는 분열되었던 우주 생명이 뿌리를 찾아 하나로 통일되는데, 이러한 생명의 근본 원리를 원시반본이라고 한다. 우주의 여름과 가을이 바뀌는 가을 개벽기에는 분열되어 있던 지구촌의 여러 문명도 그 시원문명, 뿌리 문명을 찾아 하나로 통일 된다. 인류 문명의 시원문명, 뿌리문명을 간직하고 있는 민족이 바로 동방 한민족이다.

천지의 가을대개벽기에 역사의 근본 뿌리로 돌아가기 위해서는 중국과 일본의 중화주의 사관과 식민사관에 의해 철저히 왜곡된 역사를 바로 잡아 한민족의 국통맥을 제대로 이해하고 잃어버린 뿌리역사를 회복해야 한다. 그러기 위해서는 동이족이 남긴 문명의 족적을 찾아 그 흔적을 드러내어 고대사의 종통맥을 바로잡는 것이 관건이다.

동이문화의 중심무대

동이족의 시원 역사를 회복하기 위해서는 동이족의 유래와 발상지에 대한 이해를 전제로 한다. 따라서 이 장에서는 우선 동이족의 발상지와 이동경로를 추적하여 동이문화권의 중심지역을 살펴보겠다. 동이문화권은 중국 대륙에 폭넓게 분포하는데, 대표적인 지역으로 요령일대와 산동일대의 2대 중심지로 나눌 수 있다. 동이족의 활동지역을 이 두 지역을 중심으로 살펴보겠다.

고대에 있어서 동이족의 활동무대는 압록강과 두만강 이남의 좁은 한반도가 아니라 중국 동북아 대륙의 문명중심지를 두루 포괄한다. 동이족이 언제 어디에서 유래되었으며 그들이 활동했던 지역이 어디였는가에 대해서는 구체적으로는 알 수 없지만, 문명의 족적을 남긴 지역적인 측면과 민족의 정신사적인 측면에서 볼 때, 지구상에 출현한 인류문명의 시원을 계승하고 있고, 우리민족의 뿌리인 것만은 분명하다.

동이족의 연원과 분포지역

동이족의 뿌리가 되는 시원민족의 발상지는 어디일까. 소련의 인류역사학자인 오과라기야부의 「인류의 발생과 이동」이란 논문에 의하면 "지금부터 만여년 전에 파미르 고원에는 춤 잘 추고 노래 잘 부르는 황색인종이 녹지에 살고 있었는데 그 민족이 동으로 이동하여 천산天山과 알타이산맥에 살았기에 알타이어족이라 하였다."[20] 점차 동으로 이동하여 바이칼호에서 몽고사막으로 분산한 일파가 9000년

---

20) 송호상, 「동이민족에 대하여」(『치우연구』, 제2호, 2002.12), 92쪽, 재인용.

전에 적봉시 오한기 흥륭와 보국토향保國吐鄉에서 살았다고 한다. 이 시기는 인류의 신성시대로 불리는 환국桓國시대로 추정된다.

대략 6000년 전에 환국의 지파세력이었던 민족이 동진하면서 중국의 적봉시 홍산紅山에서 홍산고국紅山古國을 세운다. 이들 종족은 배달시대에 접어들어 배달국이 중원으로 남진하면서 영토확장과 더불어 배달문화에 통합된다. 이 배달문화가 홍산문명이며 홍산문화계열은 하가점문화까지 발전하였고 바로 고조선의 단군문화로 이어진다. 동이족의 연원에 관한 오과라기야부의 견해는 최근 고고학의 연구성과와 비교하여 볼 때 고국古國의 형성, 고조선문화와의 연관성 등 면에서 긍정적으로 수용될 수 있다.

동이족의 발상지는 지금의 바이칼호 일대로, 그 후 점차 남하하여 요령성 서부에 와서 한 갈래는 동북으로, 다른 한 갈래는 발해를 따라 산동반도로 진출하였다. 신석기시대 말기부터 동이족들은 회하 유역과 산동반도에 걸치는 중국 동해안 일대, 남만주, 발해만 일대, 한반도 북부에 걸쳐서 거주하면서 고조선의 강대한 국가를 건국하면서 동이문화권東夷文化圈의 중심을 형성하고 있었다. 동북아시아 문화의 주체를 이루는 동이문화는 동이족에 의해 창조되었던 것이

중국 신석기시대 문화 분포

다. 또한 최근 발굴된 고고자료를 통해서, 요령성 서부의 홍산문화는 동이족의 문화임이 밝혀졌다. 결국 바이칼 호수에서 남하한 동이족이 요령성 서부에 정착해 배달국 시대의 홍산문화를 이루어 냈고, 이를 계승하여 단군시대를 열었던 것이다.

요령일대를 중심무대로 삼은 동이족

동이족의 문화권에 거주하고 있던 종족 중에서도 후에 우리 민족을 형성하는 데 주류가 된 것은 맥족貊族와 한족韓族이었다. 언어학상으로는 알타이어계에 속하는 퉁구스족의 일파라고 한다.

일반적으로 퉁구스족(만주족 포함), 몽골족, 터키족을 알타이(Altai)족이라 하는데, 이 세 민족의 언어는 같은 알타이어족에 속하고, 오랜 어느 시기에 같은 종족에서 갈라진 것이다. 알타이족은 원주지로부터 서쪽으로 중앙아시아를 지나 유럽의 동쪽에까지 연결되고, 북쪽으로는 시베리아의 레나강 유역까지 이르렀다. 이런 과정에서 동쪽으로 이동한 일파가 만주를 거쳐 요동과 한반도, 일본의 서쪽에까지 이동하여 오늘에 이른 것이다.

알타이족이 원주지로부터 동쪽으로 또는 북쪽으로 이동 확산하기 전에 북방 아시아에는 이전부터 살고 있던 종족들이 있었다. 이들 종족들 중 일부는 알타이족의 이동에 밀려 북극지방의 불모의 땅으로 옮겨갔다. 이들을 통틀어 고아시아족 또는 고시베리아족이라고 부른다. 이들 고아시아족이 알타이족에 밀리기 전에도 아시아의 내륙에는 원주민이 있었을 것이다. 다시 말해서 만주와 중국 북부 역시 고아시아족의 일파가 점거하고 있었을 것으로 추정된다. 이들은 언어학상 알타이계에 속하는 예족滅族과 맥족에 밀려 동쪽과 북쪽으로 이동하였을 것이고, 그 일부는 한반도로 들어와 구석기 시대를 열었을 가능성이 있다.

중국의 여러 기록에 나타나듯이 예족과 맥족들이 우리 민족의 직계선조라는 사실은 명백하다. 중국 사서에 우리 민족을 예맥이라고 일컫는 것도 이와 관련이 있다. 아무튼 예맥족은 넓은 의미에서 동이족이며, 맨 먼저 요령 일대에 터전을 마련하여 한층 진보한 문화를 마련했던 민족이다. 예맥족은 발달된 농경문화의 경제력을 기반으로 하여 먼저 홍도 계통의 문화와 그 종족들을 흡수하여 보다 넓은 문화기반을 만들면서 우리 민족의 주류를 형성하였다. 따라서 예맥족滅貊族은 배달국과 후에 고조선을 이룬 중심세력이었을 것으로 추정할 수 있다.

특히 동북아시아의 강대한 중심세력으로 결집 됐던 부여 · 고구려지역을 보면, 원래부터 분포하고 있었던 종족이 예족이고 서쪽에서 이동해 들어와 예족과 융합하여 부여와 고구려를 건국한 종족이 맥족이라는 견해가 일반적으로 받아들여지고 있다. 맥족과 예족의 통합과정에 대해서 이덕

일은 중국 사료의 분석을 통해서 초기에 고구려를 구성한 민족은 맥족이었고, 후에 맥족이 세력을 확장하여 예족을 통합하면서 예맥으로 불린 것이라고 지적하였다.[21] 예족은 전통적으로 이어져온 동이족 중 토착민이고 맥족은 유목적 기질을 지닌 이주민들이라는 의미가 짙게 배여 있다. 후대의 '예맥조선'이라는 표현도 예족과 맥족의 조선이란 의미이지 그 자체가 국가명칭은 아닌 것이다.

예족은 요동지방을 중심으로 신석기시대부터 강이나 하천을 터전으로 농경생활을 영위해왔던 선주민들이었을 것이다. 물론 이들 예족도 맥족과는 자연환경이 달라 경제생활 방식이 달랐지만, 두말할 필요도 없이 중국지역으로 이주해 간 사람들과 같은 동이족이었다.

맥족은 하가점 상층문화에서 나타난 기마풍속을 그대로 지니고 있었고 또한 요서지역의 비파형동검문화를 구성한 중요 집단이었을 것이다. 그리고 맥족은 비록 목축을 주로 하였지만 농경을 바탕으로 한 예족과 같은 동이족이었기 때

---

21) 이덕일, 『고구려는 천자의 제국이었다』(서울:위즈덤하우스, 2007), 37–47쪽 참조.

문에, 후에 예맥이 상호 융화하여 통합되는 데에는 큰 무리가 없었을 것이다. 이것은 요동지역과 길림장춘지역의 비파형동검문화의 주인공은 예족이고 요서지역의 비파형동검문화는 맥족이라는 결론으로 자연스럽게 이어지는데, 맥족이 동천하기 전의 하가점 상층문화와 요동지역 청동문화가 지역에 따른 문화적 성격은 다를지라도 종족적으로는 같은 동이족으로서 상호 연계되어 있었음을 말해주는 것이다.

산동일대를 중심무대로 삼은 동이족

동이족은 초기에는 구려九黎라 하였고, 4700여년 전 배달국 14대왕 치우천황의 전성시대부터는 치우족, 삼묘족(묘만족)이라 불렀다. 오늘날 중국의 역사학자들은 상고시대 동북아시아에는 화하족華夏族 또는 한족漢族, 동이족東夷族, 묘만족苗蠻族 등 3개의 부족집단이 있었다고 본다.[22]

당시 중국의 황하 이남의 중심세력을 이룬 종족의 분포지

---

22) 徐旭生, 『中國古史的傳說時代』(桂林:廣西師範大學出版社, 2003), 55-65쪽 참조.

산동 용산문화의 주요 유적

역을 보면 화하족이 대표적이다. 화하족은 섬서陝西성 황토고원을 발상지로 황하 양안을 따라 중국의 서방과 중부 일부지역을 포함했고, 황제가 대표적 인물이었다.

동이족은 산동山東성 남부를 기점으로 산동성 북부와 하북河北성, 만주지역, 한반도, 일본까지 이르고, 서쪽으로는 하남河南성 동부, 남쪽으로는 안휘安徽성 중부에 이르며, 동으로는 바다에 이르는 광범위한 지역에 거주했다. 역사의 기록으로 볼 때, 동이족을 대표하는 인물로는 복희·신농·치우 등이 있다.

주역의 창시자이며 인류문명의 아버지라고 불리우는 복희는 성기成紀 혹은 천수天水(감숙성 위천현)에서 태어나, 진陳 (지금의 하남河南 회양淮陽)에 도읍하여 115년간 재위하였다고 전해지고 있다. 즉 복희는 감숙甘肅, 섬서陝西 일대인 황토고원, 곧 중화민족의 요람에서 최초로 생활하였다가 후에 활동범위를 확대시켜 점차 하남 동부지역까지 도달했다. 산동성 미산현에 묘가 있다.

『태백일사』는 태호복희에 대해 다음과 같이 기록하고 있다. "환웅천황에게 5대를 전하여 태우의太虞儀 환웅이 있었다. … 아들을 12명 두었는데 막내는 태호太皞라 하니 복희伏羲라고도 한다." 태호 복희씨는 배달국 5세 태우의 환웅의 아들로서 태극팔괘를 그려 인류문명의 시조가 되었다.

의약과 농경의 창시자인 신농神農은 천수天水지방에서 출생하여 강수姜水 (섬서성 기산현) 땅에서 자랐기 때문에 이곳의 지명을 따서 성을 강姜이라고 하였다. 처음에는 진陳에서 살다가 뒤에는 동으로 뻗어나가 곡부曲阜 (지금의 산동성 곡부현 동북)에서 살았다. 그의 시신은 호남성 차능현에 묻혔다고 한다. 강씨의 마을은 지금 중국 보계寶鷄 남쪽 교외의 강성보姜城堡일대가 된다. 『중국고금성씨사전中國古今姓氏

辭典』에 의하면, "신농은 강수에 살았다. 성姓이 되는 원인이 되었다. 염제는 강수에서 낳았다. 이것으로 성을 삼았다. 신농이 강수에 살면서 이로써 성이 생겼다."

묘만족은 호북湖北성과 호남湖南성을 중심으로 거주했고, 삼묘·구려·형만·요족 등 30여 개의 지파가 있으며 치우는 그들의 지도자이다. 여기서 치우는 동이의 대표적 인물이면서 묘만족의 지도자이기도 하니, 구려가 동이의 대표 부족이었다가 남쪽으로 이동하여 묘만족 연맹을 만들었다고 볼 수 있다.

『환단고기』에는 치우가 수도를 청구로 옮겼다는 기록이 보인다. "신시의 말기에 치우천황이 있어 청구를 개척하여 넓혔다." 23) 14세는 자오지환웅인데 세상에서는 치우천황이라 하며 청구국으로 도읍을 옮겨서 재위 109년에 151세까지 살았다.24)

치우가 중원을 개척하여 넓힌 뒤에 그 땅을 청구국이라 이름하였는데, 그 중심은 지금의 산동성 지역이었다. 서량

---

23) 神市之季有治尤天王恢拓靑邱.(『桓檀古記』「三聖記」全上)

24) 十四世曰慈烏支桓雄世稱蚩尤天王徒都靑邱國在位一百九年壽一百五十一歲.(『桓檀古記』「三聖記」全下 神市歷代記)

지徐亮之도 『중국사전사화』에서 동이족의 중심지가 산동성이라고 하였다.[25]

구려는 구이를 말하는 것으로, 이 구이의 군주가 치우라는 사실을 말하고 있다. 치우는 바로 '고구려'의 전신인 '구려九黎=九麗 · 九夷 · 句麗'의 임금이었으며, 치우가 수도를 청구로 옮겼다고 했으니 구려의 영역은 태백산 신단수가 있던 만주지역에서 청구가 있는 산동반도까지 이어졌음을 알 수 있다.

동이족들은 산동반도를 중심으로 한 중국 동해안 일대, 남만주, 발해만 일대, 한반도 북부에 걸쳐서 거주하면서 동이문화권東夷文化圈을 형성하고 있었다. 적어도 발해만을 끼고 도는 중국 동북지방, 즉 지금의 산동성, 요령성 지방은 동이문화권이라고 불러도 무리가 없다. 이렇게 동이족은 대륙의 주요 지역에서 활동하였고, 복희로부터 신농, 치우에 이르기까지 동이족에서 천하를 호령하였던 위대한 지도자를 배출하였다.

---

25) 徐亮之, 『中國史前史話』(臺北:華正書局, 1979), 四灰陶文化與東夷 참조.

홍산문화의 주인공은 동이

이제 동이족의 발자취를 통해 시원 역사의 원형을 찾아보자.

문헌 기록이 거의 없는 고대 역사는 고고학적 발굴 자료에 의하여 그 역사적 사실을 밝힐 수 밖에 없다. 하물며 인류의 시원 역사를 찾아가는 데에는 거의 발굴 자료에 전적으로 의존할 수 밖에 없다.

최근에 고조선 문화의 중심지였던 요령성 홍산일대에서 고고학적 자료(유물)가 발굴되었다. 이를 홍산문화紅山文化라고 부른다. 홍산문화는 동이족이 이룩한 중심 지역으로 요령지역과 내몽골 동부 지역에 광범하게 전개된 약 6000년 전의 후기 신석기시대 문화에 해당한다. [26)]

광의의 홍산문화는 일반적으로 홍산의 신석기 유적지 외에 이와 유사하거나 같은 계통의 문화적 특징을 갖고 있는 여러 문화유적을 통칭하는 말이다. 여기에는 소하서小河西문화, 흥륭와興隆窪문화, 사해査海문화, 부하富河문화, 조보구趙寶溝문화, 협의의 홍산문화, 소하연小河沿문화, 하가점夏家店하층문화 등이 포함된다.

다시 말해서 홍산문화란 명칭은 중국 내몽골 자치구 적봉시의 동북방에 위치한 산인 홍산에서 비롯된 것이다. 홍산 인근에서 거대한 신석기문화가 발견되었고, 이후 이 유적

---

26) 중국신석기연표

시기	지역	문화
기원전 6000년 – 기원전 5000년	황하유역	자산문화, 배리강문화
	산동지역	북신문화
	요령지역	흥륭와문화, 신락문화
기원전 4500년 – 기원전 2500년	황하유역	앙소문화
	산동지역	대문구문화
	요령지역	홍산문화
기원전 2000년 – 기원전 1300년	황하유역	이리두문화
	산동지역	용산문화
	요령지역	하가점하층문화

소하서문화	기원전 7000년-기원전 6500년
흥륭와문화	기원전 6200년-기원전 5200년
사해문화	기원전 5600년-
부하문화	기원전 5200년-기원전 5000년
조보구문화	기원전 5000년-기원전 4400년
협의의 홍산문화	기원전 4500년-기원전 3000년
소하연문화	기원전 3000년-기원전 2000년
하가점하층문화	기원전 2000년-기원전 1500년

광의의 홍산문화(요하문화)

은 요령성, 내몽골, 하북성 경계 연산燕山 남북과 만리장성
일대 등 대규모 지역을 포괄한다.

홍산문화의 유적

홍산문화 적석총

배달국과 단군조선을 건국한 주류 세력은 동이족이다. 동
이족이 창출한 독특한 문화양식을 대표하는 것으로 적석총
이 있다. 그런데 적석총은 최근에 내몽골 자치구인 적봉산

일대에서 대대적으로 발굴되었다. 이를 통틀어서 홍산문화
라 말한다.

홍산문화의 유적은 1906년 일본의 저명한 인류학자 겸
고고학자인 도리이 류조우[鳥居龍藏]에 의해서 처음 발견되
었다. 그는 적봉일대의 지표조사를 하던 중 많은 신석기 유

홍산문화를 포함한 요하문명권

적과 돌로 쌓은 묘(적석묘) 등을 발견하였다. 이것이 바로 후에 세계를 놀라게 한 홍산문화의 적석총 유적이다. 그러나 당대에는 큰 관심을 끌지 못했다.

홍산문화가 세계의 이목을 끌게 된 것은 우하량牛河梁 유적지의 발견에 의해서이다.

1980년대 이후 옥기 부장묘, 제사 유구와 그 유물이 합쳐진 대규모 유적군을 이루는 우하량 유적의 발견은 중국 고고학에서 가장 중대한 발견의 하나로 손꼽힐 수 있는 사건이다. 우하량 일대에서의 대형제단大型祭壇, 여신묘女神廟, 돌을 쌓아 묘실을 구성하는 적석총積石塚 등이 발굴되었다. 이들 유적은 5500년 전까지 거슬러 올라가는 신석기시대의 것이다. 이 유적지는 이미 당시에 계급이 분화되고, 사회적 분업이 이루어지고 있었으며, 고대 국가의 기반을 갖추고 있음을 보여주는 놀라운 유적이었다. [27]

우하량 적석총 유적에서 석관묘石棺墓가 발견되었다. 이들 석관묘는 여러 장의 판석으로 짠 상자 모양의 석관과 깬 돌을 쌓아 올린 석관이 함께 배치되어 이루어졌는데, 안에서는 빗살무늬토기를 비롯하여 채색토기·옥기 등 전형적인 홍산문화 유형의 유물들이 출토되었다.

동이족은 시신을 매장할 때 돌을 가지고 축조했는데, 이것이 석묘이다. 석묘 중에서도 대표적인 무덤 형식의 하나가 바로 석관묘이다.

---

27) 張之恒, 『中國新石器時代考古』(南京:南京大學出版社, 2004), 283쪽.

적석석곽묘 | 홍산 문화의 가장 큰 특징은 석묘계石墓系 돌무덤으로, 돌을 쌓아 묘실을 구성하는 적석총(積石塚—돌무지무덤)과 돌 판을 잘라 묘실 벽을 짜는 석관묘(石棺墓—돌 널무덤)가 요령성 우하량 유적에서 발굴되었다.

　　석묘는 신석기시대로부터 청동기시대에 이르기까지 오랫동안 만주 지방과 한반도에서 크게 유행했는데, 남쪽으로는 일본의 구주지방과 유구 열도에까지 분포되어 있다.[28] 석묘가 발견되는 지역은 만주 일대와 한반도 지역 그리고 일본 등으로 기마 민족의 이동 경로와 연결되어 있고, 고구려 계통의 민

---

28) 이형구, 『발해연안에서 찾은 한국 고대문화의 비밀』(서울:김영사, 2004), 95-101쪽 참조.

족 이동과도 바로 연결되어 있다. 석묘는 고구려의 대표적인 무덤 양식이다.

이렇게 한반도에서 발견되고 있는 석관묘의 구조와 축조 방식이 동일한 무덤양식이 홍산문화 시기 우하량 유적지에서 발견되었다는 사실은 홍산문화가 동이족이 세운 문명이며, 이들의 후예가 한반도에 진입하였음을 여실히 보여주는 대표적인 사례이다.

문헌상에서 볼 때 홍산문화와 동일한 석묘계의 묘장법을 채용하고 있는 나라가 고조선이다. 그러므로 고조선 문화의 전 단계인 홍산문화는 동북아시아의 강대국가를 이룩했던 고조선의 선조들이 이룩한 문화로 인정돼야 함이 마땅하리라 본다.

홍산문화 여신묘

여신묘는 제단과 적석총으로 조성된 대형 종교유적지이다. 여신은 다산多産을 상징할 뿐만 아니라 대지를 상징하고 풍년을 상징하기도 한다. 여신은 바로 인간의 탄생과 풍요를 주재하는 지모신地母神이다. 동방에서 초기 시기의 여신상은 흙으로 빚어 만든 소조여신상塑造女神像이다.

1983년에 우하량일대의 여신묘 유적에서 실물 크기의 소조여신두상이 출토되었다. 여신두상은 황토질 점토로 빚어만든 소조상이다. 즉 아직 소성燒成을 하지 않은 니상泥像이다. 여신

우하량유적 여신묘의 주인 | 진흙으로 빚어 만든 인물 조상造像은 당시 여신묘女神廟의 주체로 받들어 공양한 신령이다. 크기가 사람에 가까운 여신 두상은 황색 점토로 풀이나 볏짚을 섞어 빚었으며 겉 표면은 매끈하게 갈았다. 얼굴 부위에는 홍색을 칠하고 입술은 붉은색을 칠했다. 눈에는 담청색의 옥편을 박아 넣었다.

두상을 대표로 하는 소조상군은 규모가 크고 사실에 가까우면서도 신격화된 형상을 가지고 있다. 우하량 유적에서 발견된 여신묘와 사실성에 초점을 둔 대형 여신상군은 소형 임산부상에서 보여지는 다산·풍요의 의미보다 제사의례의 의미를 갖는다.

우하량 여신묘에서 특이한 점은 여신묘 유적이 발견되었을 뿐만 아니라, 여신묘의 주변에 분포하는 적석총군이 발견된 점이다. 즉 여신묘를 중심으로 묘와 총이 결합한 것이다.

홍산문화의 제단 – 동이문화의 삼재사상三才思想

우하량 유적지에서는 3원 구조로 된 거대한 제천단이 발굴되었다. 중국학자들은 우하량 제2지점에서 발견된 원형과 방형의 제단유적을 '천원지방天圓地方' 사상의 원형이자 북경 천단 구조의 원형이라고 보고 있다. 우하량 제천단이 삼원구조로 되어 있고, 만주족이 세운 북경천단도 삼원구조로 되어 있다. 이것은 하늘과 땅 그리고 사람이 우주만물의 근간이라고 생각하는 동방문화의 삼재사상三才思想과 관련되어 있다. 우실하는 이를 북방문화의 바탕에 깔려있는 북방 샤머니즘의 고유한 사유체계인 '3수 분화의 세계관' [29]에 기인하는 것이라고 지적하였다. 이는 음양 2분법적 중국 고유 사유체계와는 물론 확실히 구분되는 것이다.

또한 음양오행에서 검은색은 북방을 상징하는 색으로 상수로는 1수水의 기운을 의미한다. 북방 1수는 우주만물의 생명과 역사의 근원을 의미한다. 즉 우리 민족이 인류 태초

---

29) 우실하는 (1) 하나에서 셋으로 분화되어 '변화의 계기수 3'이 되고, (2) 셋이 각각 셋으로 분화되어 '완성수 9'를 이루고, (3) 완성수 9의 제곱수로 '우주적 완성수 81'을 이루는 일련의 사유체계를 '3수 분화의 세계관'이라고 부른다. [우실하, 『동북공정 너머 요하문명론』(서울:소나무, 2007), 340쪽.]

문명의 시원국임을 천리로 상징화한 것이다.

이것은 밝음으로 세상을 다스리는 동방 한민족의 광명이세光明理世사상을 나타내는 것이고, 다시 말해 천손(天孫 : 하늘백성)의식을 갖고 있던 한민족 고유의 상징인 것이다. 삼족오에 이러한 하늘의 숫자의 의미가 들어있다는 것은 고구려가 평소 스스로를 천손이라고 칭한 것과 일맥상통하기도 한다.

이러한 '3수 분화의 세계관'의 흔적은 삼족오에서도 볼수 있다. 세 발 달린 까마귀, 삼족오는 태양 안에 살면서 천상의 신들과 인간세계를 이어주는 신성한 새[神鳥]이다. 삼족오는 태양의 사자로 알려져 있는데, 고대 동아시아의 태양숭배사상과 관련이 깊다는 것이 일반적 상식이다.

동이족에게 삼족

고구려 각저총 벽화의 삼족오 문양 | 중국 집안현集安縣系에 있는 고구려의 벽화고분에 그려진 삼족오의 문양이다.

오는 태양을 상징하는 '태양새'였다. 삼족오는 광명숭배를 상징하는 것으로서, 또한 동아시아의 천자국이었던 배달-단군조선-북부여-고구려의 상징이다.

고구려 고분벽화에 그려진 삼족오 형상을 보면, 검은 새로서 하나의 몸통(1수)에 세 개의 발(3수)이 달려 있다.

고구려는 이렇게 의미가 부여되어 있는 삼족오를 숭배하면서 곳곳에 삼족오 문양을 새겨 넣었다. 타국과 전쟁을 할 때에 삼족오 깃발을 내걸기도 했고 현재 발굴된 고구려 고분과 유물에서도 삼족오 문양이 등장하고 있다.

고구려 문화 유물에는 태양(해) 안에 세 발 까마귀를 넣은 그림이나 조각이 여러 점 있다. 대표적인 것으로 평양시 역포구역 진파리 7호 무덤에서 나온 '해뚫음무늬 금동장식품 日光透彫金銅裝飾品'을 들 수 있다. 이는 왕의 장식품으로 추정되는데 중앙의 구슬을 박은 두 겹의 둥근 테두리 속에는 태양을 상징하

해뚫음 무늬 금동장식의 삼족오 문양 | 진파리 7호 고분군에서 출토된 해뚫음무늬 금동장식 중심부의 삼족오 문양을 복원한 것이다. 현재 평양 조선역사박물관에 소장된 해뚫음 무늬 금동장식은 길이 22.8cm, 높이 15cm로 대략 6세기초 고구려의 명장에 의해 제작된 것으로 추측되고 있다.

는 황금빛 '세 발 까마귀'를 불타오르듯 절묘하게 넣었다. 그 위쪽에는 봉황을, 양옆으로는 용을 각각 표현하였다.

고구려뿐만 아니라 1974년 첫 발굴보고서가 나온 중국 요령遼寧성 조양朝陽지구 원태자袁台子 벽화묘에도 '세 발 까마귀 태양'이 1점 그려져 있다. 중국학자들은 선비족의 한 갈래인 모용선비慕容鮮卑의 무덤이라고 해석하고 있는데, 이 원태자 벽화묘의 주인공이 동방문화권의 후예였음은 '세 발 까마귀 태양' 상징을 통해서 능히 짐작할 수 있다.

삼족오는 이미 기원전 4000년경의 앙소仰韶문화 유적지 토기에서부터 대량으로 발견되고 있다. 삼족오는 요서 지역 문화와 중원의 채도문화가 만나면서 최초로 등장한다. 기원을 전후한 시기에 삼족오는 옛 고구려 지역을 비롯한 산동 지방과 요령 지방 일대 고분벽화에서 공통적으로 발견된다.

삼족오의 탄생도 홍산문화에서 발견된 천제단과 같이 북방 샤머니즘의 고유한 사유체계인 '3수 분화의 세계관'의 영향을 받아 이루어졌다는 것이 우실하의 입장이다. 그에 의하면 삼족오는 앙소문화에서 최초로 등장하고, 중원에서는 상·주·춘추·전국 시대를 거치면서 근근히 이어지다가, 한나라 때에 음양론과 복희-여와 신화와 만나면서 화

상석을 통해 화려하게 부활하지만, 이미 3수의 상징성은 사라지기 시작하며, 한나라 이후에는 거의 보이지 않고 서서히 사라지게 된다. 고구려에서 화려한 모습으로 변신하여 부활하고, 이것은 고구려·백제를 거쳐 한반도 도래인들을 통해서 일본으로까지 넘어가게 되는 것이다.[30]

한나라 시기에는 음양오행론이 확립되면서 삼족오는 남방南方 화火를 상징하는 주작朱雀으로 변형된다. 중국에서 발견되는 주작들은 모두 다리가 2개로 변화하여 '3수분화의 세계관'에서 벗어나 음양오행론 안에 수용된다. 그러나 우리 나라『조선왕조실록』이나『악학궤범』에 보이는 주작은 분명하게 '머리가 셋이고 다리도 셋'인 삼두삼족三頭三足의 형태를 유지하고 있어 주작이 고대 삼족오의 변형임을 보여주고 있다.

우하량에서 발견된 '단(제단)·묘(여신묘)·총(적석총)' 삼위일체의 제사 유적군은 원시문화의 기반 위에서 성립한 '홍산고국'이 출현하였음을 시사한다. 그 고국의 주인공은 상제와 조상에 대한 제사를 중시하였고, 동방문화의 삼재사

---

30) 우실하,『동북공정 너머 요하문명론』, 383-384쪽.

상三才思想을 반영한 제단을 만들어 제사를 올렸고, 고조선과 동일한 석묘계의 묘장법을 쓰는 동이민족임이 확실하다.

홍산문화의 옥과 곰토템

홍산문화의 옥기

홍산문화에서는 옥기玉器가 다량으로 출토되었다. 홍산문화가 주목을 받는 또 하나의 이유는 옥기를 부장한 무덤이 발견되었기 때문이다. 옥기는 장신구와 제사용의 도구로서 중국 전통적인 정신세계에서는 진귀하고 소중히 여겨지는 것으로 중요한 위치를 차지하고 있었다.

옥기는 묘장墓葬에서 많이 출토되었다. 상등 규격의 옥기는 대형 적석총 중심 대묘 가운데에서 많이 보인다. 이들 옥기를 출토한 대묘大墓는 기세가 웅위雄偉하다. 같이 매장된 옥기의 수량이 많고 정미한 재료를 사용해 묘 주인이 당시 사회의 귀인임을 짐작할 수 있다. 특히 산 정상에서 발견된 중앙 대형묘의 주인은 손에 옥 거북을 움켜쥐고 있었다. 이 무덤의 주인공은 신과 소통할 권리를 독점한 무인巫人임을 추측할 수 있다. 인간의 대표이면서 신의 의지를 체현體現하는 사람, 바로 그 사람이 무인인 것이다. 여기서 옥은 무인이 신에게 헌납하는 예물이다.

무인은 신과 소통을 통해 옥을 독점하고, 또 옥을 통해 스스로가 신적인 존재임을 만천하에 알린다. 결국 무인巫人과 하늘[神]과 옥玉은 삼위일체인 셈이다.

그런데 무인은 옥을 제작하는 기술을 독점함으로써 천지신에게 제사지내는 특권을 지니고 천지를 관통하는 능력을 보였으며, 하늘과 땅의 경지를 아는 지자智者로 우뚝 섰다.

즉 이 중앙 대형묘의 주인공은 신과 통하는 독점자로서 제사장이면서, 왕王의 신분임을 보여주고 있다. 이것은 제정일치 시대의 단적인 모습이다. 이는 당시의 씨족 구성원들의 신분 분화가 이미 명확했으며, 집단의 수령이 이미 출현하였다는 것을 의미한다. 이 외에 중형 묘지들도 항상 옥기를 매장하여, 옥기가 홍산문화에서 중요한 부장품이 되었다. 이같이 옥을 매장하는 현상은 홍산문화 특징 중의 하나이다.

선사시대의 무덤은 대개 토기를 주요한 부장품으로 하는 매장습속을 가지는데 홍산문화 만은 예외이다. 홍산문화의 무덤에서는 토기와 석기를 수장한 경우가 매우 적으며, 대부분 옥기만을 수장하였다. 왕국유王國維는 '예禮는 두 개의 옥으로 신을 나타낸 기물'이라 해석하여, 옥과 예가 특수한 관계에 있었음을 밝힌 바 있다.[31] 옥만을 수장한 것은 오직 옥만이 신과 교통할 수 있다는 홍산문화의 주인공들의 사상적 관념을 나타내는 것이다.

보통 중국 상고사를 석기-청동기-철기 등 3단계로 구분한다. 그런데 홍산문화에서 보듯이 석기와 청동기 사이에 옥기 시대도 중요한 시대적 특징을 나타내고 있다. 이러한 시대적 구분의 필요성을 파악해서일까? 옥玉의 시대를 넣어 석기-옥기-청동기-철기 등 4단계로 바꿔야 한다는 주장이 지금으로부터 이미 2000년 전에 나왔다. 후한 때 원강이 지었다는 『월절서越絕書』에 따르면 풍호자風胡子라는 사람이 초나라 왕에게 치국의 도를 이야기 하면서 옥기시대를 언급했다. "헌원·신농·혁서의 시대에는 돌을 병기로 삼았고(석기), 황제의 시대엔 옥玉으로 병기와 신주神主를 삼았다. 우임금 때는 청동기를, 그 이후엔 철기를 썼다." 그는 중국의 고사古史를 석기-옥기-청동기-철기의 네

---

31) 王國維, 『觀堂集林』제1집(北京:中華書國, 1959), 290-291쪽.

단계로 나누고 있다.

옥기문화는 북방계통 세석기문화의 후속문화이다. 중국의 곽대순郭大順은 발달된 옥기문화가 서요하 유역에서 기원한 것은 이 지역의 어렵문화와 관련된 세석기문화 전통과 직접적으로 연관되어 있다고 보고 있다.[32] 그런데 이런 세석기문화는 시베리아 남부 → 만주 → 한반도로 이어지는 북방문화 계통이라는 것은 이제 상식이다. 이는 세석기문화 주도세력이 옥기문화의 주도세력이고 이들의 주맥은 한반도로 이어진다는 것을 보여주는 것이다. 왜냐하면 세석기문화는 중원쪽으로는 들어가지 않기 때문이다. 후에 일부 세력들은 산동 지역으로 남하하여 양저문화 · 용산문화 · 대문구문화 지역에서 많은 옥기를 남기게 된다.

한반도와 세계 최초의 문명이 형성된 요하지역과의 연계성은 이것 외에 또 있다. 요하지역의 최고 문명인 흥륭와 문화에서 세계 최초의 옥 귀걸이가 발굴되었는데 이 옥 귀걸이에 사용된 옥은 요령성 수암에서 나온 수암옥이다. 이는 만주지역의 동쪽과 서쪽이 교류하고 있음을 입증하는 중요

---

32) 郭大順, 「玉器的起源與漁獵文化」『北方文物』, 1996년 제4기) 참조.

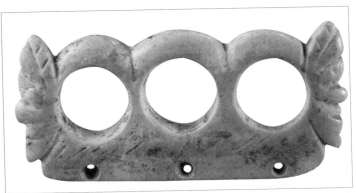

홍산문화의 옥기 | 홍산문화에서는 다양한 옥기가 출토되고 있는데 동이족의 상징인 석촉, 실크, 옥 중에서 옥기류가 고분에서 다량으로 출토되고 있다.

유물이라 할 수 있다. 그런데 이와 유사한 옥 귀걸이가 그것도 흥륭와 문화와 비슷한 시기에 한반도 동해안과 남해안 지역에서도 발견된다. 강원도 고성군 문암리 선사유적지에서 발견된 것이 그것인데, 외양이 흥륭와문화의 옥귀걸이가 비슷하다.

홍산문화의 옥기는 동물형 옥, 말굽형 베개, 구름형 옥패, 방원형 옥벽玉璧의 네가지 유형으로 나뉜다.

과학적인 발굴을 거쳐 출토된 유물들은 그다지 많지 않은 편이지만, 상당히 다채로운 옥기들은 이미 널리 알려져 있다. 그중에서도 재료의 크기, 재질의 성분, 세공술의 수준 등에서 볼 때, 최고로 중시되는 유물중에 '구운형句雲形 [갈고리처럼 구불구불한 모양의 구름을 본뜬 형상] 기물로 칭해지는 양식들이 있다.

구운형 기물은 상부에 작은 구멍이 두 개씩 나 있고, 그 안쪽으로는 출구가 양 옆으로 두 군데 있는 지하도를 연상시키는 기다란 구멍이 있으며, 화려한 옥제품들이 부장된 묘에서 주로 출토되고 있다. 우하량 유적지에서는 이렇게 화려한 물품들이 부장된 묘가 몇 군데 발견되고 있다.[33]

옥웅룡과 곰 토템

동물형 옥중 특히 웅룡熊龍은 죽은 자의 가슴팍에 주로 놓여 있었는데, 가슴팍에는 가장 등급이 높은 옥기가 놓인다는 점에서 중요하다. 이것은 단순한 장식이 아니라 일종의 신물神物이었던 것이다. 이 옥으로 만든 웅룡은 후대에까지 폭넓게 퍼졌는데, 하북성 양원陽原현 강가량姜家梁과 하남성 상촌령上村嶺의 괵국虢國 묘지에서도 웅룡 옥조각이 나온다.

중국 고고학자들은 당초 홍산문화 유적지에서 발굴된 동

---

33) 하야시미나오林巳奈夫(저), 박봉주(역), 『중국고대의 신들』(서울:영림카디널, 2004), 173-178쪽 참조.

물 모양의 옥제품이 돼지를 닮은 것으로 보아 '옥저룡玉猪龍'이라고 했다가 나중에 그 특징이 곰에 더 가깝다며 '옥웅룡'으로 바꾸고 웅룡이 용의 기원이라고 주장했다.

문제는 홍산문화의 곰토템을 황제족과 연결시켜 요서지역이 황제족 영역이었다는 논리로 전개시킨다는 점이다.[34] 중국사회과학원의 엽서헌葉舒憲은 곰토템의 황제집단 기원설을 주장했다. 그리하여 홍산문화의 주인공인 예맥족을 황제족의 후예로 만들었다. 중국측은 '홍산문화 국제학술대회'를 통해 중국의 홍산문화를 주도한 세력은 황제족의 후예들인 예맥족이라는 주장을 펼쳤다.

이에 따르면, 곰토템은 유웅씨有熊氏라는 별명을 가졌던 황제집단에서 시작돼 우순虞舜 시대와 하夏나라 시대로 이어졌고, 곰을 조상으로 삼는 신화는 전욱顓頊을 거쳐 진秦나라, 조趙나라, 초楚나라의 광범위한 지역으로 전승됐다.

---

34) 곽대순郭大順은 "홍산문화에서 관찰되는 일군의 유적과 유물은 황제를 필두로 한 여러 대표적 인물이 동북 지역의 남부를 포함하는 연산 남부 지역에서 활동했다고 전하는 고사 기록의 신빙성과 홍산문화가 곧 황제시대의 유적이라고 하는 생각에 더 많은 신뢰성을 부여한다."고 하였다.[郭大順 · 張星德(저), 김정열(역), 『동북문화와 유연문명』상(서울:동북아역사재단, 2008) 참조.]

옥웅룡 | 중국사회과학원 교수인 엽서헌葉舒憲은 최근 출판한 저서 『熊圖騰 - 中華祖先神話探源』에서 홍산문화의 핵심 유적 중 하나인 우하량 적석총 등에서 옥으로 만든 곰 모양의 '옥웅룡玉熊龍' 이 발견됐다는 점을 곰토템 황제족 기원설의 입증자료로 제시했다.
중국 고고학자들은 당초 홍산문화유적지에서 발굴된 동물 모양의 옥제품이 돼지를 닮은 것으로 보아 '옥저룡玉猪龍' 이라고 했다가 나중에 그 특징이 곰에 더 가깝다며 '옥웅룡' 으로 바꾸고 웅룡이 용의 기원이라고 주장하고 있다.

또 (황제족의) 곰토템은 고대 퉁구스인과 가까운 종족군種族群의 전파작용에 의해 조선족(한민족)의 옛 기억 속에 뿌리를 내려 지금까지 동아시아지역에서 가장 완전한 형태의 웅모생인熊母生人신화를 남겨놓고 있다. 그는 이 옥웅룡을 또 하나의 증거사례로 들어, 중국의 고문헌에는 황제족의 곰토템과 관련된 기록이 없지만 그 실마리는 남아 있기 때문에 다른 민족의 신화를 참조하면 황제족 곰토템 신화를 복원할 수 있다는 의견을 내놓았다.

그러나 홍산문화 지역의 여러 유적·유물 발굴에 의해 밝혀지고 있는 신석기인의 곰숭배 문화는 황제족의 것이 아니라 퉁구스족이 가져온 2만–3만년 전의 고아시아족 것으로써, 황제족과 직접적인 관련이 없다는 게 국내 학자들의 일반적인 학설이다. 그렇다면 옥기문화의 원형은 어느 종족으로부터 기원하는 것일까?

홍산문화와 단군신화

옥기문화의 전형인 곰 숭배사상은 중국보다는 동북아시아 종족이 갖고 있는 보편적인 신앙이다. 그 중의 대표격인 나라가 바로 고조선이었다. 중국 역사서에서 황제와 곰의 기록은 빈약하기 이를 때 없지만 고조선의 건국신화와 관련된 환웅족, 웅녀족과 그 연관관계를 찾아볼 수 있다. 또한 대형제단大型祭壇, 여신묘女神廟, 석관묘石棺墓 등 홍산문화 지역에서 발견된 여러 유적 · 유물들은 이 지역이 바로 후에 고조선의 건국에 밀접한 관련이 있음을 보여주고 있다. 고조선의 건국에 대해서는 단군신화에서 자료들을 찾아볼 수 있다.

단군신화에는 비록 간단하지만 고조선의 종족 문제, 지역 문제, 사회제도 문제, 국가 기원을 비롯한 각종 연대 문제, 고대 문화와 관련된 자료적인 요소들이 반영되어 있다. 단군신화는 일연의 『삼국유사三國遺事』, 이승휴의 『제왕운기帝王韻紀』 등에 전한다. 단군설화가 실려있는 대표적인 문헌인 『삼국유사』에 다음과 같은 기록이 있다.

"위서魏書에 이르기를, 지나간 2천년 전에 단군왕검이라는 이가 있어 도읍을 아사달에 정하고, 나라를 창건하여 이름을 조선이라 하니 요임금과 같은 시대이다.

고기古記에 이르기를, 옛날 환국桓國의 서자庶子 환웅桓雄이란 이가 있어 자주 나라를 가져 볼 뜻을 두고 인간세상을 지망하더니 그의 아버지가 그의 뜻을 알고 아래로 삼위태백三危太伯 땅을 내려다보니 인간들에게 큰 이익을 줌직한지라, 이에 천부인天符印 세 개를 주어 보내어 여기를 다스리게 하였다.

환웅은 무리 3천명을 거느리고 태백산 꼭대기 신단수 아래로 내려오니 여기를 신시神市라 이르고 그를 환웅천왕이라 했다. 그는 풍백風伯, 우사雨師, 운사雲師로써 농사, 생명, 질병, 형벌, 선악을 맡게 하고, 무릇 인간살이의 360여 가지 일을 주관하여 세상에 살면서 정치와 교화를 베풀었다.

때마침 곰 한 마리와 범 한 마리가 있어 같은 굴에 살면서 항상 신령스러운 환웅에게 사람으로 화하도록 해달라고 빌었다. 이 때에 환웅은 영험 있는 쑥 한 자루와 마늘 스무 개를 주면서 말하기를, '너희들이 이것을 먹고 100일 동안 햇빛을 보지 않으면 사람의 형체를 얻을 수 있으리라.' 고 하였다. 곰과 범이 이를 받아 먹으니, 곰은 삼가하여 스무하루

만에 여자의 몸을 얻었으나, 범은 이를 지키지 않아 사람의 몸이 되지 못하였다. 곰처녀는 혼인할 자리가 없었으므로 매양 신단수 아래서 어린애를 배도록 해달라고 빌었다. 환웅은 잠시 사람으로 화하여 그와 혼인하여 아들을 낳으니 이름을 단군왕검이라 하였다.

그는 당나라 요임금이 즉위한지 50년인 경인년에 평양성平壤城에 도읍하고 비로소 조선朝鮮이라 일컬었다. 또 도읍을 백악산 아사달로 옮겼는데 그곳을 또 궁홀산弓忽山이라고도 하고, 또 금미달今彌達 이라고도 하니 천오백년 동안 나라를 다스렸다."35)

---

35) 魏書云. 乃往二千載有壇君王儉. 立都阿斯達.(經云無葉山. 亦云白岳. 在白州地. 或云在開城東. 今白岳宮是.) 開國號朝鮮. 與高同時. 古記云. 昔有桓因(謂帝釋也)庶子桓雄. 數意天下. 貪求人世. 父知子意. 下視三危太伯可以弘益人間. 乃授天符印三箇. 遺往理之. 雄率徒三千, 降於太伯山頂(卽太伯今妙香山.)神壇樹下. 謂之神市. 是謂桓雄天王也. 將風伯雨師雲師. 而主穀主命主病主刑主善惡. 凡主人間三百六十餘事. 在世理化. 時有一熊一虎, 同穴而居. 常祈于神雄. 願化爲人. 時神遺靈艾一炷, 蒜二十枚曰. 爾輩食之. 不見日光百日 便得人形. 熊虎得而食之忌三七日. 熊得女身. 虎不能忌. 而不得人身. 熊女者無與爲婚. 故每於壇樹下. 呪願有孕. 雄乃假化而婚之. 孕生子. 號曰壇君王儉. 以唐高卽位五十年庚寅.(唐高卽位元年戊辰. 則五十年丁巳. 非庚寅也. 疑其未實.) 都平壤城.(今西京.) 始稱朝鮮. 又移都於白岳山阿斯達. 又名弓(一作方)忽山. 又今彌達. 御國一千五百年. (『삼국유사』「고조선」)

단군조선은 기원전 2333년에 건국되었다고 『고기古記』에 기록되어 있다. 단군의 아들 부루夫婁가 중국 도산塗山에 가서 하나라 우임금과 여러 나라 제후들을 만났다는 기록이 보이는데, 이 역시 『고기』에 의거한 것이다. 그 뒤 『규원사화』, 『단군세기』, 『단기고사』등의 책에는 단군조선 47대 왕명이 보이고 있으나, 이 책들은 한말, 일제시대에 유행했던 것이므로, 기존의 역사학계는 아직도 그 사료적 가치에 부정적인 입장이다. 심지어 일본인들은 단군신화가 몽골의 침략을 받아 자존심에 상처를 받은 고려인들이 민족의식을 고취할 목적으로 꾸며낸 이야기에 불과하다고 주장하였다.

그러나 단군신화는 후대에 꾸며낸 이야기가 아니라 실제로 존재했던 역사의 산물이다. 말하자면 수천년 전부터 전해 내려온 우리 민족의 건국설화가 신화적인 형태로 기록된 것이다. 고고학이나 인류학에서 확인된 인류사회의 발전 과정과 단군신화의 줄거리가 거의 일치한다. 상제숭배에서 환웅과 웅녀의 혼인으로 대표되는 연맹체 형성, 환웅과 웅녀 사이에 태어난 단군왕검의 고조선 건국까지 고대 사회의 발전과정과 단군신화의 내용은 그 맥을 같이 한다. 단군신화의 골격은 고조선이 건국되기까지 우리 민족이 체험했던 역사 사실을 거의 원형에 가깝게 전해 주고 있다. 단군신화는 우리의 고대 역사인 것이다.

그리고 곰과 호랑이의 기록은 환웅족이 이동해 왔을 때 그 지역에 거주하고 있던 두 부족을 두 가지 동물로 상징해 표현한 것으로 보인다. 그러므로 환웅족이 만주와 한반도에 왔을 때 곰을 숭배하는 부족과 호랑이를 숭배하는 부족이 있었는데, 곰 부족은 그들에게 호의를 보여 쉽게 융화되었는데, 호랑이 부족은 적의를 보여 저항하다가 다른 지역으로 쫓겨 갔다고 해석된다. 또 곰이 여자가 된 웅녀는 환웅과 혼인한 여자로 기술되었는데, 이는 곰 부족과 친밀해지기 위한 환웅족의 혼인정책으로 보인다. 이 곰과 호랑이 부족은 어떤 종족이었을 것이란 확실한 학설은 없지만 환웅족이 바이칼 부근에서 난하, 요하 부근의 요서지역으로 이동해 오기 전에 살던 고아시아족이었을 가능성이 크다.

이와 관련하여 우실하는 홍산문화 말기(기원전 3500년 - 기원전 3000년)의 주도세력을 곰토템 집단이자 그 이전 모계사회의 주도세력으로 보면서 황제족은 홍산문화를 주도한 단군신화 웅녀족의 후예였을 수도 있다고 주장했다.

그에 따르면, 우하량 유적으로 대표되는 홍산문화 만기는 모계사회에서 부계사회로 넘어가는 과도기적 시기로서 아직 모계사회의 전통이 강하게 남아 있는 초기 부계사회였

으나 황제 신화를 보면 그 후손이 모두 남성으로 이어지는 등 이미 고도화한 부계사회의 특징을 보여주고 있다.

따라서 만일 홍산문화의 곰토템이 황제 유웅씨와 관계된다면, 부계사회의 황제족은 그보다 이른 초기 부계사회인 홍산문화의 후예가 되고, 그럴 경우 중화민족의 시조라는 황제족은 홍산문화를 주도한 곰족, 즉 단군신화에 나오는 웅녀족의 후예가 된다.[36)]

중국학자들은 홍산문화를 중심으로 한 요하일대 신석기문화를 요하문명이라고 칭한다. 기존의 황하문명보다 앞선 요하문명을 아무런 근거 없이 중화문명의 발상지라고 주장하고 있다. 그런데 요하일대에서 빗살무늬토기 · 고인돌 · 적석총 · 비파형동검 · 다뉴세문경 등이 대량 발굴됨으로써 중국의 입장을 난처하게 하였다. 이들 유물은 중원문화권에서는 보이지 않지만 한반도에서는 많이 발굴됐기 때문이다. 또한 이것은 모두 내몽골–만주–한반도로 이어지는 북방문화 계통이기 때문이다.

그럼에도 불구하고 중국 고고학자들은 중원문명보다 앞

---

36) 우실하, 『동북공정 너머 요하문명론』, 301–302쪽.

선 요하문명을 오히려 역이용한다. 요하문명과 한반도의 연계성을 단절해 버리고, 요하문명을 중원문명의 시작점으로 만드는 것이다. 이런 맥락에서 중국 고고학계는 요하문명을 황하문명과 더불어 중국문명의 기원으로 삼고 있다. 즉 문명의 영역권을 확대하여 "동이의 요하문명과 한족의 황하문명, 그리고 남방·서북 문화가 중원으로 모여 완성된 문명"으로 거의 정리한 상태다. 이것이 바로 중국이 역사왜곡을 자행하는 근원이 된다.

동이문화권과 한반도

한반도와 요하문명은 동일문화권

한반도의 신석기 문화를 대표하는 것이 빗살무늬토기인데, 과거에는 노르웨이나 스칸디나비아 반도에서 유럽과 시베리아를 거쳐, 한 갈래는 흑룡강과 두만강, 또 하나는 바이칼을 거쳐 몽골, 만주, 압록강으로 해서 한반도로 들어왔다는 설이 유력했다. 그런데 암사동과 북한 평양에서 발견된 빗살무늬토기는 시베리아의 것과 상당히 다르고 이런 토기는 발해만에서 공통적으로 발견되고 있다. 농경문화에서 공통적으로 발견되는 석기도 다르다. 대표적인 것인 반월형석도인데, 산동반도나 황하 하류 등에서 다 나오지만 시베리아에는 없다. 토기의 경우 신석기와 청동기를 거쳐 빗금무늬에서 무문토기까지 계속 발전해왔다. 이렇게 한반도와 요동반도·발해연안은 동질성의 문화가 많이 분포되어 있는 동일문화권으로 동이문화권에 속한다.

또한 홍산문화 이후 청동기 시대로 가면 기원전 2000년–기원전 1500년의 적봉일대의 하가점하층문화夏家店下層文化, 기원전 1400년–기원전 700년의 하가점상층문화夏家店上層文化가 그 지역에 보다 광범위하게 확산되어 등장하였다. 이들 문화는 홍산문화를 계승하고 있는 후속문화이다.[37] 신석기와 청동기가 모두 출토되는 내몽골 하가점하층문화 시기에는 초기국가 단계로 진입했다고 추측되고 있다. 하가점문화는 신석기와 청동기가 모두 출토되는 하층문화와 청동기 유물만 출토되는 상층문화로 나뉜다.

하가점 상층문화는 풍부한 청동기를 바탕으로 청동검靑銅

---

37) 복기대,「홍산문화와 하가점하층문화의 연관성에 관한 시론」(『한국문화사학회』, 2007) 참조.

劍이 대표적인 유물로 청동기시대에 형성된 문화이다. 자도대紫都臺 남쪽 의현義縣에서는 비파형 청동검이 발굴되었고, 금서시錦西市 오금당烏金塘유적의 묘에서는 비파형 청동검, 청동과, 청동부, 청동착, 청동도, 투구, 검파부, 기타 동장식이 발굴되었다.

비파형 동검의 특징은 칼날이 비파 모양으로 구부러졌고, 칼몸가운데 굵은 원주형의 등대가 있어서 휘어지기 쉬운 청동기의 약점을 보완하고 있다. 비파형 동검은 손잡이에 결합되는 부분에 홈을 파서 손잡이의 방향과 칼날의 방향을 맞추고, 손잡이와 칼몸이 쉽고 단단하게 결합될 수 있도록 칼몸의 꼬투리에 홈이 나 있으며, 칼몸과 손잡이는 따로 제작하여 결합했다. 이는 중국계 동검이나 북방계 오르도스 검에서 볼 수 없는 고조선만의 독자적인 방식이다. 고조선의 중심 지역들을 유추할 수 있는 중요한 근거중의 하나는 동검을 제작하는 거푸집(용범) 출토 지역이다. 비파형 동검의 거푸집은 내몽골 지역에서 발견되는데, 이는 내몽골 지역에서 비파형 동검을 자체 생산했다는 증거이기 때문에 중요하다.[38]

---

38) 이덕일, 『고구려는 천자의 제국이었다』, 192-198쪽 참조.

비파형 청동검은 석관묘 등 석묘안에서 출토되었다. 석묘는 동이족의 대표적인 묘제이다. 하가점상층문화에서 발견된 비파형 청동검의 주인공은 동이족으로 이 지역에서 발원한 고조선의 문화와 밀접하게 연결되어 있다.

홍산문화는 앙소문화의 채도와 이전 단계의 세석기 등을 융합하여 한 단계 발전하여 전개되었는데 후에 이 지역 하가점하층문화와 연결되고 중국 황하유역과 산동반도에도 큰 영향을 미치게 된다.

최근까지 대문구문화와 용산문화는 중국 신석기시대 앙소문화와 대비되는 문화로 논의되었다. 그런데 홍산문화에 대한 연구가 진행될수록 이 대문구문화와 용산문화의 원류로 홍산문화를 들고 이들 문화간의 연관성에 관심이 모아지고 있다.

동이족의 활동 무대였다고 인정되는 산동 및 회수 지역의 신석기 문화는 대체로 북신문화 → 대문구문화 → 산동 용산문화의 단계로 발전하였다. 산동지역에서 가장 앞서는 신석기문화유적은 북신문화北辛文化인데, 북신문화는 7천년 전까지 소급되어지고 또한 기원전 4300년경의 이 지역 초기 대문구문화와도 직접적인 연원관계에 있다. 북신문화와 초기 대문구문화의 분포 범위가 대체적으로 일치하고 있다. 산동 연주왕인兗州王因, 태안대문구泰安大汶口 등의 유지 등 몇몇 유적의 지층을 분석한 결과 상하 관계가 분명하게 드러났으며, 유골의 신체적인 특징까지 동일한 것으로 보아 대문구문화가 북신문화를 계승하여 독자적인 발전 과정을 겪은 것으로 추정되고 있다.

대문구문화大汶口文化는 1959년 산동성 태안현에서 유적이 발굴되기 시작하였고, 100개소 이상의 유적이 확인되었다. 탄소 방사성 측정 결과 5700여년 전의 유물이 발굴되었다.[39]

이 대문구문화는 산동 용산문화龍山文化에 선행하는 동이계 문화라고 보여진다. 대문구문화는 토기 제작기술 등에서 산동 용산문화와의 긴밀한 계승관계를 명백히 볼 수 있기 때문에 대문구문화의 기초위에 산동 용산문화가 발전한 것이라는 것을 짐작할 수 있다.

---

39) 산동성 중부 지역에 있는 옥루고산屋樓固山을 중심으로 신석기 시대의 유적 20여 곳이 발굴되었다. 전문가들은 이 지역에 신석기 시대 말기의 매우 발달한 부락연맹이 거주한 것으로 추정했다. 이 부락연맹은 동이 민족의 발전이나 중국 고대 문명의 건립과 발전에 중요한 역할을 했을 것이다. 또한 이 곳은 상주시기 문화의 발원지이기도 하다.[양산췬·정자룽(저), 『중국을 말한다 1 동방에서의 창세』(서울: 신원문화사,2008), 64-65쪽.]

대문구문화의 연대는 기원전 4300년-기원전 2200년으로 추정되는데 신석기 말기-청동기 발생기의 문화라고 한다. 학자에 따라 세 부분으로 나누기도 하는데 초기(기원전 4300년-기원전 3500년), 중기(기원전 3500년-기원전 2800년), 말기(기원전 2800년-기원전 2000년)가 그것이다.

묘장과 부장품을 통해서 보면 대문구문화 초기는 모계씨족사회의 말기에 해당되나, 중기에 이르면 사유재산과 계급분화가 두드러져 이미 부계제단계에 진입하였음을 알 수 있다. 대문구문화 말기에는 생산력이 증가하였고, 도기제작 기술도 동시대의 어떤 문화보다 뛰어났다.

산동성 거현莒縣 능양하陵陽河에서 '아사달' 문양이 새겨진 '팽이형 토기'가 발굴되었는데, 이는 대문구문화 말기에 해당하는 유물이다. '팽이형 토기'는 고조선 전기에 청천강 이남부터 한강 이북 지역에서 크게 성행한 토기인데, 산동지방에서 발견된 것이다.

이 유물들을 통해 신용하는 고조선이 발해와 서해를 건너 산동, 하북, 하남으로 진출해 '고조선 문명권'을 형성 발전시켰고, 이 과정에서 산동지방에서는 고조선 문명권에 속하는 여러 소국들이 독자적인 세력권을 형성했다는 것을

지적하였다.[40)]

　대문구문화는 이후의 용산문화에 연결된다. 약 4천에서 4천5백년 전 산동山東과 강소江蘇 북부에 대문구문화가 발전해 내려오고, 고대 동이인이 창조한 선사시대 문화인 용산문화가 출현했다. 용산문화기에는 도기 제작업이 발달했는데 반짝거리는 흑도黑陶가 대표적이다. 산동 용산문화의 토기는 토기색채와 제작법, 기형으로 미루어 볼 때 대문구문화의 전통을 지니고 있고, 대문구문화 말기에 출현한 녹로轆轤기술을 도입하여 발전하였다. 그러나 대문구문화기는 후기에 와서 토기조성에서 흑도의 증가세가 보이기는 하지만, 홍도, 회도가 많은데 비해 용산문화기는 토기제작에 녹로를 사용한 흑도 위주이다. 또한 정교한 옥기가 있고 동기銅器제련 기술에도 능했다. 견고한 큰 성루의 출현과 호화스런 대형묘 등은 용산문화가 이미 초급 문명사회로 진입했다는 것을 말해준다. 기원전 3000년-기원전 2000년 전후의 용산시대를 동석병용시대銅石併用時代라고 하며, 신구세력이 교체되고 원시사회에서 문명사회로 이행하는 과도기

---

40) 신용하, 『한국 원민족 형성과 역사적 전통』(서울:나남출판, 2005), 67쪽.

배달국

▲ 홍산문화
홍산

신락

농포동

태
항
산
맥

소주산

발 해

청구국

장천리

대문구문화

▲
태산

앙소문화

반파   묘저구

청구국 강역

적인 시기이다.

치우천황이 수도를 정한 청구국은 대문구문화를 계승한 용산문화의 시기에 해당된다. 치우 생존시기에는 청동기가 병기로 사용되었는데, 이는 발달한 산동 용산문화를 그 배경으로 한다.

청구국의 강역은 중국대륙의 태항산맥太行山脈 동쪽의 화북평원임을 알 수 있으며 중국의 사서에 나오는 동이족東夷族의 활동지역과 일치한다.[41]

이상에서 살펴본 바와 같이 동이문화는 요하지역 일대와 산동지역 일대로 나뉘어서 전개된다. 요하지역 일대는 홍산문화 이후 하가점하층문화 → 고조선문화로 이어졌고, 산동지역 일대는 홍산문화의 영향을 받은 북신문화 → 대문구문화 → 산동 용산문화의 단계로 발전하였다.

41) 『독사방여기요讀史方輿紀要』에 의하면 청구는 산동 청주부 낙안현 북쪽에 있다.(『독사방여기요』는 명말明末 · 청초淸初의 고조우顧祖禹 (1631~1692)에 의해 찬술된 역사지리서이다. 본편 130권. 1659년에 착수하여 1678년에 완성하였다.)

chapter 7

동이는 새 역사의 주인

인류문명의 뿌리는 동방에서 태동되었고, 그 고대 동방문명의 주체는 동이이다. '활을 사용하는 동쪽에 사는 사람', '신을 대신하는 사람', '어진 사람' 등을 지칭하는 동이의 의미는 우리 민족의 성격을 그대로 나타내고 있다. 동이는 태양과 광명의 뜻도 지니고 있다. 광명사상은 동방 한민족 사상의 원형으로, 환국─배달─조선으로 이어지는 동방의 뿌리시대의 국가는 광명사상을 배경으로 이루어졌다.

'광명의 땅 동방에 살고 있던 어진 사람'인 동이는 동방문명을 개창하였고, 한반도를 넘어서 중국대륙까지 지배하였다. 동이족은 산동반도를 중심으로 한 중국 동해안 일대,

남만주, 발해만 일대, 한반도 북부에 걸쳐서 거주하면서 동이문화권東夷文化圈을 형성하고 있었다. 발해만을 끼고 도는 중국 동북지방, 즉 지금의 산동성, 요령성 지방은 동이문화권의 중심 지역이다.

동방의 뿌리시대로부터 출발하는 동이의 환국-배달-조선의 삼성조 시대는 동아시아의 강대국으로 군림하면서 천자국의 위용을 펼쳐왔지만, 북부여(열국시대) 시대로 접어들면서 국운이 쇠퇴하게 되고, 다시 고구려(4국시대) 시대에 들어와 강국으로 발돋움하면서 천자국의 위상을 회복하고자 했다.[42] 그러다가 동이의 주체국으로 대진국, 신라, 고려, 조선, 상해임시정부로 이어지면서 약소국으로 전락했다가, 오늘의 대한민국을 이룩한 것이다.

고대 환국-배달-조선의 삼성조시대는 천자문화를 전제로 한 태고시대의 제왕문화를 열었다. 천자문화는 동서양 각 민

---

42) 최근 문화재청 국립문화재연구소는 러시아 연해주의 9세기 발해 성터 유적에서 고구려 전통을 계승한 발해의 전형적인 온돌 시설을 갖춘 대규모 건물지가 발굴됐다고 밝혔다. 발굴된 유적의 전체 면적이 16만 제곱미터로, 현재까지 연해주 지역에서 발굴된 발해시대 성 가운데 가장 규모가 큰 것이다. 또 온돌 같은 고구려 시대 전통을 계승한 발해 유적이 발견됨에 따라, 연해주 중북부지역을 발해 영역에 포함시킬 수 있는 결정적인 근거가 될 것이라고 연구소측은 설명하였다.

족의 '보편적인 원형문화'인 신교에 바탕을 둔 정치문화에서 온 것이다. 동방 조선은 천자문화의 종주국으로, 이 천자문화는 상제와 동방 조선을 이어주는 긴밀한 인연의 끈이기도 하다. 천자는 '천제지자天帝之子'이니 상제의 아들, 우주주재자 천제의 아들이다. 천자는 우주의 주재자인 상제의 대행자로서 하늘의 뜻에 따른 신교의 가르침을 받아 만백성을 다스렸고, 모든 백성을 대표하여 상제에게 제사를 드렸다. 천자가 상제에게 제사지내는 의례를 제천의식이라고 한다. 이는 천자문화를 대표하는 것이다.

홍산문화 유적지에서 발견된 '단(제단)·묘(여신묘)·총(적석총)' 삼위일체의 제사 유적군을 통해서, 동이민족은 동방의 뿌리시대로 부터 이미 상제와 조상에 대한 제사를 중시하였고, 동방문화의 삼재사상三才思想을 반영한 제단을 만들어 천제를 행하였음을 알 수 있다.

천자는 상제와 백성을 이어주는 중계자였다. 천자문화는 상제문화를 대표하며 상제를 잘 받들어 온 동방의 문화에 그 기원을 두고 있다. 그러나 고조선 이후 고려 말에 이르기까지 이 땅에는 상제를 계승한 천자天子 문화의 흔적이 있긴 하지만 그 위상은 쇠퇴하여 의미를 찾아보기가 어렵게 되었다.

고조선 시대 이후 중국의 중원으로 유입된 천자문화는 오래 동안 그 원형을 잘 보존되어 있어서 그 흔적을 찾기가 쉽다. 중국의 제왕문화는 동방 조선의 천자문화를 본받은 것으로, 중국의 고대문화를 꽃피운 장본인은 한민족의 조상 동이족이었다. 중국의 제왕문화는 바로 동방 조선의 상제문화를 본받아 이루어진 것이다.

중국이 천자국을 자처하였지만 중국 천자사상의 뿌리는 중국 한족 문화가 아니라 동방 조선의 후예들인 동이족이다. 그 대표적인 예로 중국 청조의 발상지인 심양의 고궁에서 그 흔적을 찾아볼 수 있다. 이 심양 고궁은 태조 누르하치에 의해 지어지기 시작하여 그의 아들인 태종 황태극皇太極에 의해 완성되었다. 심양 고궁에 있는 일종의 연회장소인 봉황루에 '자기동래紫氣東來'라는 현판이 걸려있다. 자주빛의 상서로운 기운이 동쪽으로부터 온다는 뜻이다. 그러나 자기동래의 깊은 뜻은 자미성, 북두칠성 등 우주의 중심과 관련된 문화가 동방에서 시작되었고, 그 천자문화의 기운이 동방으로부터 온다는 의미이다.

동(방)은 인류문명의 뿌리로서 원시반본原始返本의 진리에 따라 문명의 결실을 맺는 구원의 땅이다. 동(방)은 살릴 동이요, 구원의 동(방)인 것이다. 원시반본이라는 우주의 천리

天理에 따라서 인류문화의 결실은 지구의 시원문명이 열린 동북 간방의 조선으로부터 다시 시작된다. 간방은 변화가 끝나고 새로 시작되는 자리이다. 이는 선천시대가 끝나고 후천의 새로운 시대가 시작됨을 상징하고 있는 것이다. '끝남과 시작'이 함께 이루어지는 곳, 동북방에 위치한 한반도는 지구의 혈자리로, 후천 새 역사가 시작되는 개벽의 중심 땅인 것이다. 지금 우리가 살고 있는 한반도뿐만 아니라 동방문화의 주역 동이족이 활동하였던 중국 산동성을 포함해서 요동반도가 모두 간방이다.

우리 한민족은 전 인류의 뿌리국가를 세운 인류문명의 종주로서, 동이족의 주체 세력이다. 동이족의 문화권에 거주하고 있던 종족 중에서 우리 민족을 형성하는 데 주류가 된 것은 예맥족濊貊族과 한족韓族이었다. 그들은 중원의 황하문명을 능가하는 찬란한 요하문명을 탄생시켰고, 이렇게 발달한 문명위에 고조선의 전단계인 배달국을 건국하였다. 동이족을 대표하는 인물인 태호 복희씨와 치우천황은 모두 배달국 시대의 위대한 지도자였다. 그리고 동방 한민족의 환국−배달−조선으로 이어지는 뿌리국가는 동이족의 정통을 이은 국가이다. 이들 뿌리국가의 정통은 열국시대 이래 면면히 이어졌고, 오늘의 대한민국까지 이르렀다. 이렇게 동방 한민족은 활을 잘 쏘는 동이족의 정통 후예이다. 이러한 활을 잘 쏘는 전통이 지금까지 면면히 이어지고 있음은 대한의 양궁 선수들이 올림픽에서 금메달을 놓치지 않는 것에서도 볼 수 있다.

동이족은 태양과 광명을 숭배한다. 동이족의 상징 토템인 봉황도 광명숭배에서 나왔으며, 태양새인 삼족오는 동이족의 광명사상에 뿌리를 두고 있다. 그런데 동방 한민족이 건국한 환국−배달−조선으로 이어지는 뿌리시대의 국가도 광명사상을 배경으로 이루어졌다. 특히 삼족오는 동이족의 광명사상을 넘어 천손의식을 가지고 상제문화의 전통을 이어온 한민족 고유의 상징으로 거듭났다. 고구려의 벽화에는 삼족오와 함께 용봉도 새겨져 있는데, 이는 한민족이 천자국으로 동이족의 대표세력임을 나타내는 것이다.

동이족의 역사를 왜 다시 논해야 하는가? 그것은 동이가 인류문명의 뿌리가 되었고, 꽃을 피워 그 결실을 맺어야할 역사이기 때문이다. 그러나 고조선 이후 지금까지 뿌리역사의 종통을 계승한 한민족은 역사의 뿌리마저 단절된 시련과 고통의 역사였다. 이러한 시련과 고통은 역사 문명을 결실하여 후천 5만년 새 천지의 문명을 다시 여는 종주국으로 탈바꿈하기 위해 예정된 과정일 것이다.

동북 간방의 한민족은 태고시대 이래로 상제를 잘 받들어온 민족이며, 동토 조선은 천자국으로 새로운 시작이 일어나는 곳이기 때문에 큰 시련을 겪어야 하는 개벽의 땅이기도 하다. 증산 상제가 "나도 단군의 자손이니라."(『도전』 2:26:3)고 한 까닭은 바로 한민족이 인류문명의 종주국임을 선언하고, 가을 대개벽기에 그 역사의 뿌리를 찾아 결실을 맺도록 하기 위함이다.

　모든 것이 근본을 찾아가는 가을개벽의 시운을 맞이하여 인류의 뿌리문화를 되찾고, 상제문화를 회복하는 중심에 바로 동방문화가 있고, 새 역사의 주인인 동이가 있다.

중국이 천자국임을 내세우고 있지만 상제를 잘 받들었던 천자문화의 본향은 동방 조선이다.

4300년 전 고조선 초기, 요임금 말엽부터 순임금 때까지 동북아 지역에 9년 홍수가 일어나 중국 일대가 물바다가 되었다. 그 때 단군성조의 맏아들 부루 태자는 단군성조의 명을 받고 오행치수지법五行治水之法이 담긴『금간옥첩金簡玉牒』을 우에게 전수해 주었다. 그런데 당시 우에게 전한『금간옥첩』속에는 치수의 요결뿐 아니라, 나라를 다스리는 천자의 아홉 가지 큰 법도인 홍범구주洪範九疇가 실려 있었다. 홍범구주의 다섯 번째가 황극皇極사상으로, 바로 이 황극으로부터 천자사상이 나온 것이다.『금간옥첩』이 중국에 전해짐으로써 동방 고조선의 천자문화가 본격적으로 중국 문화의 토양 속으로 흘러 들어갔다.

이제 한민족은 우주의 가을 개벽기를 맞아 증산 상제의 천지공사天地公事를 계기로 후천 5만년 새 천지를 개창하는 개벽의 주체민족이라는 막중한 사명을 부여받는다. 가을의 정신은 원시반본으로 세계의 뿌리민족인 한민족이 선천역사의 종주국宗主國이면서 동시에 후천역사의 종주국이 되는

운명을 지니고 있기 때문이다.

가을 개벽기에는 천자문화 또한 그 뿌리를 찾아서 바로잡힐 것이다. 그래서 증산 상제는 1908년 세계를 일가족으로 통일하기 위하여 세계일가 통일정권 공사를 보셨다.

성도들에게 말씀하시기를 "이제 천하의 난국을 당하여 장차 만세萬世의 대도정사大道政事를 세우려면 황극신皇極神을 옮겨 와야 하리니 황극신은 청국 광서제光緒帝에게 응기되어 있느니라." 하시니라. 문득 "상씨름이 넘어간다!" 하고 외치시니 이 때 청국 광서제가 죽으니라. (『도전』5:325:2-3, 9)

하늘의 정사[天政]가 동방의 간방에 있다. 황극신은 천자신을 말한다. 증산 상제는 가을 개벽기를 맞아 중국에 오래 머물러 있었던 천자신을 옮겨 천자문화의 종주국인 동방 조선으로 되돌아오게 하였다. 이로써 한민족은 역사의 종주국으로서 후천개벽의 주역을 담당하게 된다.

본서의 참고 문헌

증산도도전편찬위원회, 『도전』, 서울:대원출판사, 2003.

안경전, 『개벽 실제상황』, 서울:대원출판사, 2005.

안경전, 『증산도의 진리』, 서울:대원출판사, 1995.

段玉裁(注),『說文解字注』, 臺灣:蘭臺書局, 1977.

司馬遷, 『史記』, 北京:中華書局.

일연(저), 김원중(역), 『三國遺事』, 서울:민음사, 2007.

『桓檀古記』, 숙명여대 소장본.

郭大順, 「玉器的起源與漁獵文化」, 『北方文物』, 1996년 제4기.

郭大順 · 張星德(저), 김정열(역), 『동북문화와 유연문명』상, 서울:
동북아역사재단, 2008.

김대성 엮음, 『금문의 비밀』, 서울:컬처라인, 2002.

복기대, 「홍산문화와 하가점하층문화의 연관성에 관한 시론」, 『한
국문화사학회』, 2007.

徐亮之, 『中國史前史話』, 臺北:華正書局, 1979.

徐旭生, 『中國古史的傳說時代』, 桂林:廣西師範大學出版社, 2003.

송호상, 「동이민족에 대하여」, 『치우연구』, 제2호, 2002.12.

신용하, 『한국 원민족 형성과 역사적 전통』, 서울:나남출판, 2005.

양산췬 · 정자룽(저), 『중국을 말한다 1 - 동방에서의 창세』, 서울:
신원문화사, 2008.

王國維, 『觀堂集林』제1집, 北京:中華書局, 1959.

王大有(저), 임동석(역), 『龍鳳文化源流 - 신화와 전설, 예술과 토템』, 서울:東文選, 1994.

우실하, 『동북공정 너머 요하문명론』, 서울:소나무, 2007.

이덕일, 『고구려는 천자의 제국이었다』, 서울:위즈덤하우스, 2007.

林惠祥, 『中國民族史』, 上海:商務印書館.

조법종, 『고조선 고구려사 연구』, 서울:신서원, 2006.

하야시미나오林巳奈夫(저), 박봉주(역), 『중국고대의 신들』, 서울:영림카디널, 2004.

허흥식, 「삼족오의 동북아시아 기원과 사상의 계승」, 『삼족오』, 서울:학연문화사, 2007.